U0128026

文質彬彬・上冊

再版前言

這套「中國美學範疇叢書」初版於二〇〇一年，時隔十五年再版，作為編委與作者，依然感到書不盡言，言不盡意。

中國美學範疇，顧名思義，是對中國數千年源遠流長的美學與文藝史理論的概括。範疇這個術語本是從西方哲學引進的。西方所謂範疇是指人類主體對事物普遍本質的認識與把握。它與概念不同，概念一般反映某個具體事物的類屬性，而範疇則是對事物總體本質的認識與把握。中國美學的範疇與西方美學相比，富有體驗性與感知性，善於在審美感興中直擊對象，這種範疇把握，融情感與認識、哲理與意興於一體，正如嚴羽《滄浪詩話》所說「唐人尚意興而理在其中」。中國美學範疇，實際上是中國古代美學與哲學智慧的彰顯，也是藝術精神的呈現。諸如感興、意象、神思、格調、情志、知音等美學範疇，既是對中國美學與文藝活動的總結與概括，也是人們從事藝術批評時的器具。對中國美學範疇的認識與研究，不僅是一種學術研究與認識，而且還是一種體驗與濡染的精神活動。中國美學範疇的生成與闡述，與個體生命的活動息息相關，這種美學範疇在社會形態日漸工具化的今天，其精神價值與藝術價值越發顯得重要。中國當代美學範疇與精神的構建，毫無疑問應當從中國傳統美學範疇中汲取滋養。

這套叢書緣起於一九八七年，當時正是國內人文思潮湧動的時

候，那時我還是在中國人民大學哲學系美學教研室任教的一名年輕副教授。吾師蔡鍾翔教授與中國人民大學中文系的同事成復旺、黃保真教授一起編寫出版了《中國文學理論史》，接著又發起與組織編寫了「中國美學範疇叢書」，歷時十三年，於二〇〇一年由百花洲文藝出版社出版了第一輯，有《美在自然》《文質彬彬》《和：審美理想之維》《興：藝術生命的激活》《原創在氣》《因動成勢》《風骨的意味》《意境探微》《意象範疇的流變》《雄渾與沉鬱》等十本。我承擔了其中的《和：審美理想之維》《興：藝術生命的激活》兩本。

在編寫這套叢書時，蔡老師作為主編，撰寫了總序，確定了基本的編寫思想，對於什麼是中國美學範疇及其特點，作出了闡釋，將其歸納為：一、多義性與模糊性；二、傳承性與變易性；三、通貫性與互滲性；四、直覺性與整體性；五、靈活性與隨意性。這五點是中國美學範疇的特點。強調中國美學範疇的認識與體驗、情感與理性、個體與總體的有機融合。另外，蔡師也強調「中國美學範疇叢書」的編寫與出版，是隨著中國美學的研究深入而催生的。在上個世紀八十年代初的美學熱中，對於中國美學史的興趣成為當時亮麗的風景線，我在當時也開始寫作《六朝美學》一書。而隨著中國美學史研究的深入，人們越來越對中國美學範疇產生了濃厚的興趣，在當時，意象、意境、境界、神思、比興、妙悟等範疇成為人們的談資，時見於論文與著作中，也是文藝學與美學中的熱門話題。正是有鑑於此，彙集這方面的專家與學者，編寫一套專門研究中國美學範疇的高水平叢書的策劃，便應運而生。正如蔡師在全書總序中所說：「『叢書』選題主要是

元範疇和核心範疇，也包括少量重要的衍生範疇，在這些範疇之內涵蓋若干相關的次要範疇。這是對中國傳統美學範疇的一次全面深入的調查，工程是浩大的、艱難的，但確是意義深遠的，它將為中國美學和中國文論的史的研究和體系研究打下堅實的基礎。」

這套書從策劃到編寫，再到出版，歷經十多年，作為撰寫者與助手的我，見證了蔡師的嘔心瀝血，不辭辛勞。比如揚州大學古風教授撰寫的《意境探微》一書，傾注了蔡老師審稿時的大量心血。儘管古教授當時已經在《中國社會科學》《文藝研究》《文學評論》等刊物發表了相關論文，在這方面成果不少，但是蔡老師本著精益求精的方針，反覆與他通信商談書稿的修改，經過多次打磨與修改之後，最後形成了目前出版的書稿。記得那時我和蔡老師都住在人民大學校內，每次我去他家拜訪時，總是見到他在昏黃的檯燈下伏案看稿與改稿，聊天時也是談書稿的事。有時他對作者書稿的質量與修改很是著急與焦慮，我也只好安慰他幾句。

本叢書體現這樣的學術立場與宗旨。這就是：一、追求「究天人之際，通古今之變，成一家之言」的學術旨趣。每本書都以範疇的歷史演變與範疇的結構解析為基本框架，同時，立足於探討中國美學範疇的當代價值與當代轉化。作者在遵循基本體例的同時，又有著鮮明的個性與觀點，彰顯「和而不同」的學術自由精神。二、本著「萬物並育而不相害，道並行而不相悖」的兼容並包之襟懷，融會中西，將中國美學範疇與西方美學與文化相比較，盡量在比較中進行闡釋，避免全盤西化或者唯古是好的偏執態度。

　　值得一提的是，叢書的第一輯出版後，在二〇〇二年五月二十五日，叢書編委會與江西百花洲文藝出版社在中國人民大學中文系舉行了第一輯的出版座談會，當時在京的一些著名學者侯敏澤、葉朗、童慶炳、張少康、陳傳才，以及詹福瑞、韓經太、左東嶺、朱良志、張晶、張方等學者參加了座談會並作了發言，我也有幸與會。學者們充分肯定了這套叢書的出版對於推動中國美學的研究，有著積極的意義，認為這套書具有很高的學術水準。與會者讚揚這套書體現了古今融會、歷史的演變與範疇的解析相貫通的學術特色，同時也提出了中肯的意見。正是在這些鼓勵之下，叢書的編委會與作者經過五年的繼續努力，於二〇〇六年底出版了叢書第二輯的十本，即《美的考索》《志情理：藝術的基元》《正變・通變・新變》《心物感應與情景交融》《神思：藝術的精靈》《大音希聲──妙悟的審美考察》《虛實掩映之間》《清淡美論辨析》《雅論與雅俗之辨》《藝味說》等。第二輯與第一輯相比，內容更加豐富，涉及中國美學與藝術的一些深層範疇，寫法愈加靈動，與藝術創作的結合也更加明顯。顯然，中國美學範疇研究的水平隨著叢書的推進也得到相應的提升。

　　從二〇〇六年叢書第二輯出版至今天，一晃又過去了十年。令人哀傷的是，蔡老師因病於二〇〇九年去世了。原先設想的出版三十本的計劃也終止了。在這十年中，中國美學範疇的研究有了很大的進展，比如將中國美學範疇與中國文化、中國哲學相聯繫的論著問世不少，將中西美學範疇進行比較研究的成果也頗為可觀。但是這套叢書的學術價值歷經時間的考驗，不但沒有過時，相反更顯示出它的內在

價值與水平。時值當下對中國傳統文化與國學的研究與討論的熱潮，這套叢書的實事求是的治學態度，認真負責的撰寫精神，以及浸潤其中的追求人文與學術統一、古今融會、中西交融的學術立場，不追逐浮躁，潛心問學的心志，在當前越發彰顯其意義與價值。在當前研究中國美學的書系中，這套叢書的地位與價值是不可替代的，在今天再版，實在是大有必要。在這十年中，發生了許多變故，叢書的顧問王元化、王運熙先生，副主編陳良運先生，編委黃保真先生，作者郁沅先生等，以及當初關心與幫助過這套叢書的著名學者侯敏澤、童慶炳先生，還有責任編輯朱光甫先生，已經離世，令人傷懷。對於他們的辛勞與幫助，我們將永遠銘記在心。今天，這套叢書的再版，也蘊含著紀念這些先生的意義在內。

本次再版，百花洲文藝出版社本著弘揚優秀傳統文化的宗旨，經過與作者協商，在重新校訂與修訂的基礎之上，將原來的叢書出版，個別書目因各種原因，未納入再版系列。相信此次再版，將在原來的基礎之上，提升叢書的水平與質量。至於書中的不足，也有待讀者的批評與指正。

袁濟喜

二〇一六年十二月三十一日

總序

　　範疇，是對事物、現象的本質聯繫的概括。範疇在認識過程中的作用，正如列寧所指出的，它「是區分過程中的梯級，即認識世界的過程中的梯級，是幫助我們認識和掌握自然現象之網的網上紐結」（《哲學筆記》）。人類的理論思維，如果不憑藉概念、範疇，是無法展開也無從表達的。美學範疇，同哲學範疇一樣，是理論思維的結晶和支點。一部美學史，在一定意義上也可以說是一部美學範疇發展史，新範疇的出現，舊範疇的衰歇，範疇含義的傳承、更新、嬗變，以及範疇體系的形成和演化，構成了美學史的基本內容。

　　中國傳統美學範疇，由於文化背景的特殊性，呈現出與西方美學範疇迥然不同的面貌，因而在世界美學史上具有獨特的價值。中國現代美學的建設，非常需要吸納融匯古代美學範疇中凝聚的審美認識的精粹。自二十世紀八〇年代後期以來的十餘年中，美學範疇日益受到我國學界的重視，古代美學和古代文論的研究重心，在史的研究的基礎上，有逐漸向範疇研究和體系研究轉移的趨勢，這意味著學科研究的深化和推進，預計在二十一世紀這種趨勢還會進一步加強。到目前為止，研究美學、文藝學範疇的論文已大量湧現，專著也有多部問世，但嚴格地說，系統研究尚處在起步階段，發展的前景和開拓的空間是十分廣闊的。中國傳統美學範疇的特點是很突出的，根據現有的

研究成果，大致可以歸結為以下幾點：

一、多義性和模糊性。範疇中的大多數，古人從來沒有下過明確的定義或界說，因此，這些範疇就具有多種義項，其內涵和外延都是模糊的。如「境」這個範疇，就有好幾種含義。標榜「神韻」說的王士禛，卻缺乏對「神韻」一詞的任何明晰的解說。不僅對同一範疇不同的論者有不同的理解，同一個論者在不同的場合其用意也不盡相同。一個影響很大、出現頻率很高的範疇，使用者和接受者也只是仗著神而明之的體悟。

二、傳承性和變易性。範疇中的大多數，不限於一家一派，而是從創建以後便一代一代地傳承下去，成為歷代通行的範疇，但於其傳承的同時，範疇的內涵卻發生著歷史性的變化，後人不斷在舊的外殼中注入新義，大凡傳承愈久，變易就愈多，範疇的內涵也就變得十分複雜。如「興」這個範疇，始自孔子，本是屬於功能論的範疇，而後來又補充進「感興」「興會」「興寄」「興托」等含義，則主要成為創作論的範疇了。

三、通貫性和互滲性。古代美學中有相當數量的範疇是帶有通貫性的，即貫通於審美活動的各個環節。如「氣」這個範疇，既屬本體論，又屬創作論；既屬作品論，也屬作家論，又屬批評、鑑賞論。至於各個範疇之間的互滲，如「趣」和「味」的互滲，「清」和「淡」的互滲，包括對立的互轉，如「巧」和「拙」的互轉，「生」和「熟」的互轉，就更加普遍。因而範疇之間千絲萬縷、交叉糾纏的關係，形成一個複雜的網絡。

四、直覺性和整體性。許多範疇是直覺思維的產物，其美學內涵究竟是什麼，只可意會，不可言傳。典型的例子如「味」這個範疇，什麼樣的作品是有滋味的，如何賞鑑作品才是品「味」，怎樣才是「辨於味」，「味外味」又何所指等等，都是不可能用言語來指實，只能是一種心領神會的直覺解悟。既然是直覺的，即不經過知性分析的，就必然是整體的把握。如風格論中的許多範疇，何謂「雄渾」，何謂「沖淡」，何謂「沉著痛快」，何謂「優游不迫」，都不可條分縷析。直覺性與模糊性無疑是有不可分割的聯繫的。

五、靈活性和隨意性。漢語中存在大量的單音詞，其組合功能極強，一個單音詞和另一個單音詞組合便構成一個新的複音詞。中國古代美學利用組詞的靈活性，創建了許多新的範疇，如「韻」和「氣」組合構成「氣韻」，「韻」和「神」組成「神韻」，「韻」和「味」組成「韻味」，等等。而這種靈活性可以說達到了隨意的程度，一個主幹範疇能繁育滋生出一個龐大的範疇群或範疇系列，舉其極端的例子而言，如「氣」，不僅構成了「氣韻」「氣象」「氣勢」「氣格」「氣味」「氣脈」「氣骨」，還演化成「元氣」「神氣」「逸氣」「奇氣」「清氣」「靜氣」「老氣」「客氣」「屌氣」「傖氣」「山林氣」「官場氣」等等，當然這些衍生的名稱未必都算得上範疇，但確有一部分上升到了範疇的地位。

上述這些傳統美學範疇的特點，也就是研究中的難點，要給予傳統美學範疇以現代詮釋，而不是以古釋古，難度是很大的。根本的問題在於古今思維方式的差異。我們現代的思維方式，基本上是採納了西方的思維方式，因此在詮釋中很難找到對應的現代語彙，要將傳統

美學範疇裝進現代邏輯的理論框架，便會感到方枘圓鑿，扞格難通。中國的傳統思維，經歷了不同於西方的發展道路，即沒有同原始思維決裂，相反地卻保留了原始思維的若干因素。我們不能同意西方某些人類學家的論斷，認為中國的傳統思維還停留在原始思維的水平。中國古人的理論思維在先秦時代已達到很高的水平，所保留的原始思維的痕跡，有些是合理的，保持了宇宙萬物的整體性和完整性，不以形式邏輯來切割肢解，是符合辯證法的原理的，在傳統美學範疇中也表現出這種長處。因此，研究中國美學範疇，必須結合古人的思維方式，聯繫整個中國傳統文化的大背景來考察，庶幾能作出比較準確、接近原意的詮釋。範疇研究的深入自然會接觸到體系問題。中國古代美學家、文論家構築完整的理論體系者極少，但從範疇的整體來看是否構成了一個統一的體系呢？範疇的層次性是較為明顯的，如有些研究者區分為元範疇、核心範疇（或主幹範疇）、衍生範疇（或從屬範疇）等三個或更多的層次。但範疇之有無邏輯體系，研究者尚持有截然不同的觀點。我們傾向於首肯「潛體系」的説法，即範疇之間存在有機的聯繫，範疇總體雖然沒有顯在的體系，卻可以探索出潛在的體系。但要將這種「潛體系」轉化為「顯體系」並非易事，因為這是兩種思維方式的轉換，轉換實際上是重建。有些研究者梳理整合出了一套範疇體系，只能是一家之言，是一種先行的試驗。由於對個別範疇還未研究深透，重建整個中國美學理論體系的條件就沒有完全成熟。於是我們萌發了一個構想，就是編輯一套「中國美學範疇叢書」，每一種（或一對）範疇列一專題，寫成一本專著，對其美學內涵作詳盡的現代

詮釋，並盡量收全在其自身發展的不同歷史階段上的代表性用法和代表性闡述，力爭通過歷史的評析揭示各範疇內涵邏輯展開的過程。「叢書」選題主要是元範疇和核心範疇，也包括少量重要的衍生範疇，在這些範疇之內涵蓋若干相關的次要範疇。這是對中國傳統美學範疇的一次全面深入的調查，工程是浩大的、艱難的，但確是意義深遠的，它將為中國美學和中國文論的史的研究和體系研究打下堅實的基礎。

這一工程從一九八七年開始策劃，歷時十三年，得到許多中青年學者的熱烈響應。更有幸的是，在世紀交替之年，獲得江西省新聞出版局和百花洲文藝出版社領導的大力支持，在他們的努力下，「叢書」被列入「十五」國家重點圖書出版規劃，「叢書」共計三十本，預定在四年內分三輯出齊。為此組織了力量較強的編委會，投入了充足的人力、物力、財力，力爭使「叢書」成為精品圖書。我們萬分感佩江西出版部門充分估計「叢書」學術價值的識見和積極為文化建設做貢獻的熱忱。最終的成果也許難以盡愜人意，但我們相信「叢書」的出版，必將在中國美學範疇研究的長途跋涉中留下一串深深的足印。

陳良運

蔡鍾翔

二〇〇一年三月

內容提要

　　本書在《文質彬彬》總題之下，以《文與質》《藝與道》為上、下編，分別對「文」「質」「藝」「道」四個觀念及形成中國美學中兩對最基本的審美範疇，從發生、發展、傳承、演變的全過程，進行由微而巨集地全面、系統的觀照，又從美學、文學、造型藝術等領域以及哲學、心理學、倫理觀念、社會政治理想等方面，進行論述和評價。在論述時又注重兩對審美範疇間交錯互動的關係，如：前者的「文質」關係如何演變為後者的「文道」關係，後者的「藝術」行為如何使前者的觀念內涵與外延相應地不斷發生變化；前者如何時時處處對後者施以潛移默化的影響，後者如何在前者已界定的正統觀念範圍內突破和昇華。……它們互相生成又互動互補，構成了中國美學與文學、藝術學理論的大框架，至今對這幾個領域內的理論建設還有深刻的影響。

目次

第三章

三種「藝」的態度與行為

第四章

「原道」種種及其效應

第五章

造型藝術領域之「道」與「藝」

第六章

走向審美自由王國的詩歌藝術

第七章

「文」「道」矛盾的發展形態

第八章

「道」與「藝」：正統觀念的突破與昇華

小 引

　　「文質彬彬」一詞，最早見於《論語》〈雍也〉，出自孔子之口：「質
勝文則野，文勝質則史，文質彬彬，然後君子。」流傳至今已曆兩千四
百餘年。今天，有初中以上文化程度的中國人，大概都能領略其意，
讀了一點書有相當知識的人，都想成為「君子」而不願被目為「野
人」。孔子似乎是從社會、歷史兩個層面作了宏觀的考察，然後將「文
質彬彬」這一美感形態賦予了個體的人──有知識有修養有才有貌的
「君子」，使其具象化。實際上，這句話的原意發得更早，孔子只是
作了一個精練而絕妙的概括。在孔子出生前七十一年（西元前622年）
就發生了晉國太傅陽子因其「質」與「文」不是「彬彬」而失去其追
隨者的故事。此事最早見於《左傳》〈文公五年〉，全文如下：

　　晉陽處父聘於衛，反，過寧。甯嬴從之，及溫而還。其妻問之，
曰：「以剛。《商書》曰：『沈漸剛克，高明柔克。』夫子壹之，其不沒
乎！天為剛德，猶不於時，況在人乎？且華而不實，怨之所聚也。犯

而聚怨，不可以定身。余懼不獲其利而離（同「罹」）其難，是以去之。

　　陽處父這個人，在甯嬴的眼中，其性格品質過於剛烈，即陽剛之氣過甚，缺少柔和一面。《易》之《賁》卦是象徵文飾，《彖傳》說：「柔來而文剛故亨。」陽處父有「剛」而無「柔」給以必要的文飾，這就是「質勝文」。天，亦有剛有柔，四時輪迴，質文兼備，作為一個人，怎能偏勝一端呢？《左傳》記載甯嬴氏對陽處父的評價以「剛」「柔」言人之「質」「文」，以抽象的概念進行推理，而《國語・晉語》的作者關於此事的記載以及甯嬴氏對陽處父的評價更詳細具體，可能憑據比《左傳》作者更詳實的史料。

　　甯嬴氏是一個旅店老闆，陽處父出使衛國後返回晉國，中途住進他的旅店。這位老闆很仰慕陽處父，對其妻曰：「吾求君子久矣，今乃得之。」於是放下自家的經營，情願做陽處父的隨從。離家上路後，「陽子道與之語，及山而還」。一路上陽處父與他交談之後，他對陽子的敬仰態度忽然變了，毅然返家，不再追隨那位「求之久矣」的「君子」。回到家，妻子問他：「子得所求而不從之，何其懷也？」他很率直地回答：

　　吾見其貌而欲之，聞其言而惡之。夫貌，情之華也；言，貌之機也。身為情，成於中。言，身之文也。言文而發之，合而後行，離則有釁。（《國語》〈晉語〉）

　　這位旅店老闆，實在是身在民間的高士，他很敏銳地覺察到陽處父言而無「文」，出語生硬、粗俗，與其內在的情質不合，實即「質勝文則野」，非真「君子」。陽處父的「君子」形象在他心目中破滅了，

「從之」何益？這段話中明言「文」，尚未出現「質」字，但言其「情」即含「質」的意思，緊接著對這一直觀判斷而作理論性闡釋的一段話，也比《左傳》所記更為精闢透徹。寧嬴氏說：

今陽子之貌濟，其言匱，非其實也。若中不濟，而外強之，其卒將復，中以外易矣。若內外類，而言反之，瀆其信也。夫言以昭信，奉之如機，歷時而發之，胡可瀆也！今陽子之情譴矣，以濟蓋也，且剛而主能，不本而犯，怨之所聚也。吾懼未獲其利而及其難，是故去之。（《國語》〈晉語〉）

這段話講了三個問題：（一）「若中不濟，而外強之」即「質」弱「文」強，「文」勝於「質」，那就會有實質喪失的危機，實質被虛文取代而從根本上發生質的變異；（二）「若內外類，而言反之」，即情質上與外貌相類相洽（寧嬴氏將「情」與「貌」都置於「質」的範疇），而所出之言不能與其質相適應且「反之」，言而無「文」，有「質」而「文」匱乏，「質」勝於「文」，反使「質」「瀆其信」，失去其真實可信感；（三）「文」之作用在於「昭信」，即使人更能瞭解、認識、把握其「質」的真與善；言之「文」與「質」之「機」（樞機）外、內相應相適，互不越位偏勝，這就是「文質彬彬」了。在寧嬴氏看來，陽處父屬「內外類而言反之」之列，他的情質充沛而往往掩蓋言辭匱乏無文的缺點，且因其性格剛直而逞其才能，行不本於仁義而出語容易犯人，使被犯之人產生怨恨，肯定有朝一日要遇到麻煩；跟隨這樣的人不但不能獲得任何好處，反而會陷入他將會遇到的災難之中而難以脫身。——這位旅店老闆的預言果然應驗了：「期年，乃有賈季之難，陽子死之。」

　　寧嬴氏如此重視「言之文」對身之內在「情質」發於外的能動作用，實際已成為當時社會上的人們尤其是知識份子的共識，解釋古老《易經》的《易傳》對於言語之「文」有不少的論述，「文言」的觀念正式出現了，據說是孔子參與創作的《繫辭傳》中有「言行，君子之樞機。樞機之發，榮辱之主也」，「亂之所生也，則言語以為階」等話語，幾與寧嬴氏之言出於一轍。《左傳》〈襄公二十五年〉記載了孔子的一段話，即「言之無文，行而不遠。晉為伯，鄭入陳，非文辭不為功」（「晉為伯，鄭入陳」事發生襄公二十五年即西元前五四八年，其時孔子才三歲，顯然是後來左丘明寫到這段歷史時，引用已成為學術權威的孔子幾句話，作為正式的歷史評價）云云，亦可確證孔子對寧嬴氏之論的認同，由此，我們可否這樣判斷：「文質彬彬」的語源大體弄清楚了。

　　孔子講「文質彬彬」時，沒有涉及具體的「言」，但已蘊含「言」的意義，「質勝」之「野」，或可釋為野人之言（即須「先進於禮樂」的「野人」），與孔子所崇尚的「雅言」相對；「文勝質」之「史」，即史家之言，史家「為親者諱，為賢者諱，為尊者諱」，多虛飾、文過飾非之言；「文之彬彬」則是「言以昭信，奉之如機，歷時而發之」。寧嬴氏以「言」品人之文質，孔子進一步以質與文「彬彬」與否品人是否為「君子」。──直至兩千五百年後的當今社會，流傳在人們口頭的「文質彬彬」，還主要是用來品評人物，如見到某衣冠楚楚一副名士派頭的男士，卻輕薄為相，行為不檢點；見到某盛裝豔冶的女士，雖語音如鶯啼燕囀，卻出言粗俗……便會以不夠於「文質彬彬」的高檔品位，一如寧嬴氏那樣「不從之」「去之」。

　　先於孔子而出現的「文」與「質」的觀念，經孔子「質勝文」「文勝質」「文質彬彬」的聯綴而用，組合出了中國最早的一對審美範疇，

因為已不似寧嬴氏那樣具體而論，有了抽象的性質，除了品人之外，派生了可用於品社會，品政治，品文章學術、文學藝術的多種新義，又在不同時代的品評實踐中，不斷滋生更新的內涵和產生與之相應更廣的外延，使「文」與「質」這對審美範疇成為中國美學範疇群中影響最為深遠、迄今還是常用常新的範疇之一。

與「文」「質」觀念同時並行的有另外兩個觀念，那就是「藝」「道」，但「藝」與「道」一直沒有形成如「文質彬彬」那樣融洽的話語，其根本原因是「藝」與「道」之間的等級差別太大了。最早的「藝」之本義，就是至今還沿用的「手藝」之「藝」，不過是泛指具有一定技術技巧的勞動本領，非「君子」所樂為。孔子說「吾不試，故藝」，他不能為君王所用，發揮治國安邦的大才能，因此就學習一點寫字、數術、射箭、駕車之類的小本領。而「道」，不管是儒家還是道家，都是一個至高無上的觀念，「天道」是自然界最高之道（相對於也屬自然界的「地道」），「人道」是人世間最高的倫理道德準則，皆是君子所求學問的最高境界。小人之「藝」與君子之「道」，怎能像「文質彬彬」那樣共居一體呢？

但是，人終究要靠物質生產生存於世，「藝」的等次雖低但絕不可無，沒有農夫「藝黍稷」，哪能暖衣飽食？沒有庖丁解牛，哪能「膾不厭細」？「君子」們也終於發現，庖丁、工匠之類的手藝竟能達到出神入化的地步，有無窮奧妙不可言說，似乎背後也有一個「道」在，於是有莊子率先言「藝」而及「道」，無形中把「藝」檔次也相應提升了。「文治」天下的「人文」創造，不也需要出神入化之「藝」嗎？君子「藝文」與小民百姓「藝黍稷」，雖然有精神生產與物質生產之別，都一樣需要精益求精之「藝」才有不菲的收穫。就是這樣，「藝」進入了人們精神創造的領域，於文有「文藝」，於詩有「詩藝」，於畫有「畫

藝」，於寫字有「書藝」，於演戲有「演藝」……「藝」必有「術」（法術、方術、技術），「術」高為「藝」，「藝術」一詞也應運而生了。

當「藝」由小民百姓「手藝」之稱轉入「君子」文士精神勞動領域，大概出於一種職業習性，他們便將「藝」與「道」那種潛在的內部關係、若有若無的外在聯繫，予以明白無誤的確認並非常自覺地追求二者完美的結合，一切精神創造的成果都應是「藝與道合」的成果。在具體實現的過程中，「藝」必須是在「道」的感召下而有所作為，「道」永遠是「藝」的行為欲臻至的最高境界，沒有以「道」為目的的「藝」，那便永遠是「藝焉而已」（周敦頤語）。如此而來，「藝與道合」實與「文質彬彬」並行不悖了；若是在超越品評人物的更廣闊的美學層面上，那麼，「文質彬彬」不正是「藝與道合」最佳的美感效果嗎！

本書在《文質彬彬》的總題之下，以《文與質》《藝與道》為上、下編，試圖對「文」「質」「藝」「道」四個觀念和先後形成的兩對範疇，從發生、發展、傳承、演變的全過程，進行由微而巨集地全面、系統的觀照，又從美學、文學、造型藝術等領域以及哲學、心理學、倫理觀念、社會政治理想等方面，進行論述和評價。在論述的遞進與展開中，則注重對它們之間交錯互動的關係加以清晰的梳理，如：前者的「文質」關係如何演變為後者的「文道」關係，後者的「藝術」行為如何使前者的觀念內涵與外延相應地不斷發生變化；前者如何時時處處對後者施以潛移默化的影響，後者如何在前者已界定的正統觀念範圍內突破和昇華。……中國古典美學有廣闊的領域，有諸種範疇共生共榮，而「藝」與「文」、「質「與「道」的相互生發、互動互補表現得更為明顯，乃至可以說，中國古代美學與文學、藝術學理論的大框架，幾乎主要是憑它們之間的關係而構成──讀者諸君閱覽本書後，或許也會作如是觀。

上編　文與質

第一章

審美視野中的「質」與「文」

　　「文」與「質」，是中華民族上古時代的先民，在對於大自然界和自身進行了一系列的審美活動之後，最早從思想意識中昇華出來的一對審美範疇。這一對範疇的出現，説明我們的先人的意識已不僅僅是只對自身個人以外的其他人和其他物的狹隘聯繫的一種意識，也不只是對周圍可感知環境的一種表層化的意識，而是對自身和身外客觀事物的觀察、認識，已獲得了一種縱深度，有了外與內、表與裡、顯與隱、虛與實等不同層次的認識。「文」與「質」，就是對於一切事物（包括人）所必具的內容與形式最樸素又是相當恰切的表述。

　　中國最早的「美」的觀念，按許慎在《説文解字》中對於「美」字的解釋：「美，甘也。從羊從大，羊在六畜主給膳也。」羊需大，大羊肉肥味美，此種美的感受，來自羊的肉質，這是從味覺上肯定大羊

的質美。[1]如果以此作為我們先民對於「美」的觀念發生的主要誘發因數，那麼，先民的審美視野與審美體驗中，事物「質」之美是先於形式美的。但是，我們也不可忽視此中的形式因數，即「大」，大與小相對，大羊與小羊外形有別，肉質也自然有區別（肥與不肥），這恐怕是聰明的祖先將內容與形式寓於一字而使「美」的觀念外化和定型化。

　　「質」與「文」是人們審美視野與審美體驗中同時昇華出來的兩個觀念，但是按照人們觀察和認識事物程式，總是先外後內、由外而內的，先有視覺之印象，然後才有知覺之感受；由羊之大而後知肉之美，視覺之美先於味覺之美的獲得，因此，人們對於事物外部的審美觀照，往往表現得更為主動，更為自覺，換句話說：「文」，表現出我們的先人一種更自覺的審美意識。對於「質」之美，他們沒有給予一個約定俗成的定性詞，而對於「外」「表」「顯」「虛」的形式之美，卻給了一個定性詞。《說文解字》云：「文，錯畫也，象交文。」「錯畫」可界定為視覺美，如果按現代美學的觀點，只承認視覺與聽覺為人的主要審美器官的話；那麼，在古代的中國，「文」較之「美」這一概念，雖然只及事物的外部，卻是一個有著更為確定內涵的審美觀念。

　　馬克思在《一八四四年經濟學——哲學手稿》裡曾說：「動物只是按照它所屬的那個種的尺度和需要來建造，而人卻懂得按照任何一個種的尺度來進行生產，並且懂得怎樣處處都把內在的尺度運用到物件上去；因此，人也按照美的規律來建造。」[2]「文」與「質」，是古代的中國人使用得最廣泛的兩個審美觀念，或者說，這是他們用來觀照自然、社會與人的自身兩個審美的「尺度」，他們又把這兩個「尺度」運

1　對於中國古代「美」的觀念發生，著者近年來的研究已提出異議，詳見本叢書之《美的考索》。

2　《馬克思恩格斯全集》第42卷，人民出版社1972年版，第93-97頁。

用到身外與身內的「建造」：大至國家的政治制度，小至個人的儀表與服飾。當他們在物質世界裡對兩個「尺度」運用自如之後，又用來在精神世界裡進行「建造」，以「質」來評價人的氣質、德性、才能、學識乃至政治信念與社會理想，以「文」來規範人的言語辭令乃至種種行為表現。而作為兩種「內在的尺度」，在人的內心活動可以通過文字表現出來之後，便更多地用來指導精神的生產和評價精神的產品了。

古人遠矣！今天研究「文」與「質」這一對審美範疇，將主要考察不同時代裡的精神生產是怎樣運用這兩個尺度的。中國的文學藝術，有近兩千年的時間在這一審美範疇中發展著，成長著。像從胚胎開始研究人的生命歷程，讓我們回顧一下，中國的文學藝術，怎樣按照最先出現的兩個尺度所揭示的美的規律而不斷地「建造」。

鑒於此，需要先行探討一下「文」與「質」兩個觀念，如何在先人們的審美視野中發生。

第一節　對於「質」的基本審美觀

「質」，作為一個抽象的概念，最初並未與「美」聯繫起來，它只是「物」的概念的延伸，《說文解字》對「質」的解釋只有一句話：「以物相贅」，而「贅」，是「以物質錢」之義。這表明「質」處於「物」與「錢」（也可以是另一種物）之間，於是，「質」就成了一種價值（有使用的價值，然後有交換的價值）的表示，可「質」或不可「質」，「質」都蘊含了某種價值觀念，是「物」的貴賤表現。大概出於此種原因，春秋戰國時交戰雙方，為了要脅對方，或者使對方取得某種保證，扣留或是送交一個很有身價的人物（多為王孫公子）作為人質。《左傳》有這樣的記載：

王貳於虢，鄭伯怨王，王曰：「無之。」故周、鄭交質。王子狐為質於鄭，鄭公子忽為質於周。（《左傳》〈隱公三年〉）

這場互相交「質」的外交，最後又以雙方失信而失效。左丘明說：「信不由中，質無益也。明恕而行，要之以禮，雖無有質，誰能間之？」雙方不守信用，貴於王子之質的人的價值也等於零。

「質」，既表現為事物內在的價值觀念，那麼，不同的事物就有不同的質，特殊的事物便有特殊的質。《莊子》〈徐無鬼〉中講了一個這樣的故事：某個郢人鼻端上有一片薄如蟬翼的白堊泥斑，讓一個匠人用斧頭把白斑削去，「匠石運斤成風，聽而斲之，盡堊而鼻不傷，郢人立不失容」。宋元君聽到這件事，把這位匠人召來，命他再表演一次，匠人說：

臣則嘗能斲之，雖然，臣之質死久矣！

此所說「質」，指的是郢人，他有利斧之下「立不失容」的鎮定自若的本領，這是郢人不同於常人之質。莊子在此用「質」是特指。他又用這個故事來喻示他死去的好友惠子：「自夫子之死也，吾無以為質矣！吾無與言之矣！」對於具備某種特質的人，他以「質」代稱之。

一般地說，事物的「質」，也就是這一事物之本、之體，《禮記》〈禮運〉篇有「還相為本」與「還相為質」兩語並列，「質」與「本」含義相同。孔穎達疏：「質，體也。」本、體指的是事物或人的本質、內容，只是物性或人性不同而有質的不同。孔子說：「君子以義為質，禮以行之。」（《論語》〈衛靈公〉）那就是說君子本性求「義」，「義」即君子之質，對君子之質作了道德性的規定。《周易》〈繫辭〉談到

《易》之各種卦象時則說：「《易》之為書也，原始要終，以為質也。」意即《周易》這部書，考察了事物之所始，探求了事物之所終，以組成每一種卦的實體，事物之質貫穿事物的始終。

　　以上說的「質」，還只是限於人們對事物之本之體的理性認識，由這種理性認識而對事物（包括人）作出一定的評價，還尚未進入人們的審美視野，郢人之質，君子之質，只體現為人的特殊品性與道德。對於抽象的質，還原為具體事物、具體人的質，能否作出審美的界定呢？「素」與「樸」就是人們對於「質」作出審美界定的最初嘗試。「素」，本意為生絲、白色的生絹，也指白色，進而引申出純潔、純淨、本色等意。子夏曾就《詩經》中兩句詩問孔子：「『巧笑倩兮，美目盼兮，素以為絢兮。』何謂也？」孔子回答說：「繪事後素。」意思是繪畫先有素白之底，然後施之五色，才有真正的美；人的本色好，然後巧笑倩，美目盼，才是真正的美人。這就是對事物或人提出了本質純潔的審美要求。正如朱熹後來所解釋的：「先以粉地為質，而後施五采，猶人有美質，然後可加文飾。」[3]漢之劉向，在《說苑》〈反質〉又有如下一說：

　　孔子卦得《賁》，喟然仰而歎息，意不平。子張進，舉手而問曰：「師聞《賁》者吉卦，而歎之乎？」孔子曰：「《賁》，非正色也，是以歎之。吾思夫質素，白正當白，黑正當黑，夫質又何也？吾亦聞之，丹漆不文，白玉不雕，寶珠不飾，何也？質有餘者不受飾也。」

　　《賁》卦是《易》六十四別卦中講「文」講美的色彩的一卦，它上

3　朱熹：《四書集注・論語卷之二・八佾第三》。

卦為「艮」，象徵山，下卦為「離」，象徵火，山下有火，山間草木百物均被火光映照有文飾之象，這就是「文明以止，人文也」。儒家本來是很欣賞這一卦象的，但孔子為什麼歎息呢？原來是從尚「質」的審美角度而言的，山間景物經火光照耀，原有的色彩被火光所染，就再不是「正色」了，火光干擾了原物的「質素」，此種外加的文飾是否有必要？孔子認為，本質美的東西不需要人為的文飾，如丹漆、白玉、寶珠，它們本身質地純潔就是一種美──本色美。

其實，以孔子為首的儒家學派是不反對文飾之美的，「文」的觀念的發展應歸功於他們。而對「質」的審美價值特別注意，並予以強調到絕對化程度的，是當時另一學派──道家學派的創始人老子以及他的後學莊子。

老子認為，「道」是天地間萬事萬物的本體，是一切事物與人最高的本質。《老子》〈四十二章〉說：

道生一，一生二，二生三，三生萬物。萬物負陰而抱陽，沖氣以為和。

他強調萬物有共通的本質，而這種本質有超出感官、超出言象之美，這就是「道」，「道之出言，淡乎其無味，視之不足見，聽之不足聞，用之不足既」（《老子》〈三十五章〉）。人的所有審美感官都無法感受到它，但是人的精神感官，通過對於事物本質的認識卻可以感受得到。

道之為物，惟恍惟惚。惚兮恍兮，其中有象；恍兮惚兮，其中有物。窈兮冥兮，其中有精，其精甚真，其中有信。（《老子》〈二十一

章〉）

　　對於「質」的審美，老子也有「見素抱樸」（《老子》〈十九章〉）之說，與人為之「文」形成對峙，「樸」，是老子關於「質」之美最基本的觀念。「樸，木素也。」（《說文解字》）尚未雕琢的木料就叫「樸」，老子以「樸」形容一切事物的自然之質，他稱得道的聖人是「敦兮其若樸」（《老子》〈十五章〉）（敦厚純樸，好似一塊沒有任何人工斧痕的大木頭）；他希望人們的品行能夠「知其榮、守其辱」而使「常德乃足，復歸於樸」（《老子》〈二十八章〉）；有時，他把他心目中的「道」就稱為「樸」，如說「樸雖小，天下莫能臣也」「化而欲作，吾將鎮之以無名之樸」云云。如「質素」一樣，蘊含著對「質」審美意味的「質樸」一詞也就出現了，後來的人們或用它稱讚人的品德，如說「賢為人質樸少欲，篤志於學」（《漢書》〈韋賢傳〉）、「語稱上世之人質樸易化」（《論衡》〈齊世〉）；或用它表述某事之特徵和對它的評價，葛洪在批評「貴遠賤近」的不良學風時曾說：「古書雖質樸，而俗儒謂之墮於天也；今文雖金玉，而常人同於瓦礫也。」（《抱朴子》〈鈞世〉）以「質樸」與「金玉」並稱對比，可見「質樸」已成為重要的審美觀念。

　　老子對於「質」的審美還有另外一些重要觀念，這就是「真」「善」與「自然」，其實，這也是「樸」的不同表現形態。本書下編《藝與道》中對於「自然之道」將有較詳細的論述，在這裡只簡單介紹一下老子關於「質」的真與善的觀點。

　　《老子》〈四十一章〉有「質真若渝」一語，據馬敍倫先生說，此「渝」當作「汙」解，那麼，「質」的純真往往是不引人矚目的，有時甚至使只重外表不識內蘊的人感到討厭（後來《莊子》中敍述的「真人」

「神人」大都醜汙其外）。在《老子》〈七十章〉中他又說，聖人有「道」
從不炫耀，而是「被褐懷玉」。老子認為，只有「質」（道）的真，才
令人可信，一切事物之精華，就在於「真」，因此說，「其精甚真，其
中有信」。作為一個人，他「修之身，其德乃真」，其德就能普及天
下。唯其「真」，所以「善」。「善」，更多地表現為有道者「無為而無
不為」，這就是：「天之道不爭而善勝，不言而善應，不召而自來，繟
然而善謀。」（《老子》〈七十三章〉）由此，老子由本體之真又引申出
行為之善，或者說，本體真就必有行為善。反過來說，有行為之善才
能顯示本體的真。請看他對善的行為的形態描述：

　　善行無轍跡，善言無瑕謫，善數不用籌策，善閉無關楗而不可
開，善結無繩約而不可解。（《老子》〈二十七章〉）

　　要知道，老子是主張「樸」應永遠作為一個完整體而存在的，「大
制無割」（《老子》〈二十八章〉），若加分割，原始樸素的自然狀態就
遭到了破壞，「樸散則為器」（《老子》〈二十八章〉），形而上者之「道」
就淪為形而下者之「器」了。「無轍跡」，「無瑕謫」……顯然沒有割裂
「樸」，沒有破壞真與善的整體美。

　　老子非常注重「善言」，因為「善言」才能更完美地表現事物本質
的「真」。至真至善的最高本質，它已無求無欲，內部蘊含無窮的奧
妙，用有限的語言很難表達，因此，「多言數窮，不如守中」（《老子》
五章〉），而以「不言」為最高境界。老子「希言自然」（《老子》〈二
十三章〉），或「悠兮其貴言。功成事遂，百姓皆謂我自然」（《老子》
〈十七章〉），但實際上，完全「不言」也是不可能的，他認為自己之
言就「甚易知，甚易行」（《老子》〈七十章〉），於是提出「善言無瑕

讁」。言不必多，點到為止，恰逢妙處；「言」與所述物件本質之真，達到了高度融洽的境界，這就是「善言」了。

　　老子對於「質」的審美，更多地在「玄之又玄」的哲學層次上抽象地論述，莊子在這方面比他的前輩，就顯得更為明晰了，尤其是在「質」之「真」方面，他的論述更接近於藝術家的審美眼光對於創作物件本質的審視。

　　《莊子》〈漁父〉篇，虛構了一個孔子聆聽漁父之教的故事：孔子在杏壇「弦歌鼓琴」，有位來歷不明的漁人行船到此，聽之。曲終，漁人問子路、子貢彈琴者誰，當子路介紹了孔子的為人之後，漁父給了孔子一個簡短的評價：「仁則仁矣，恐不免其身。苦心勞形，以危其真。」說完就走了。孔子聞知，「乃下求之，至於澤畔」，向漁父陳述自己坎坷的經歷，漁父聽了之後說：「子審仁義之間，察同異之際，觀動靜之變，適受與之度，理好惡之情，和喜怒之節，而幾於不免矣。謹修而身，慎守其真，還以物與人，則無所累矣。」接著，他向孔子闡述什麼是「真」：

　　真者，精誠之至也。不精不誠，不能動人。故強哭者，雖悲不哀；強怒者，雖嚴不威；強親者，雖笑不和。真悲無聲而哀，真怒未發而威，真親未笑而和。真在內者，神動於外，是所以貴真也。……功成之美，無一其跡矣。……真者，所以受於天也，自然不可易也。故聖人法天貴真，不拘於俗。

　　《漁父》見於《莊子》「雜篇」，不一定是莊周本人之作，但關於「真」的思想是屬於他的。在「內篇」《齊物論》中，他以「天籟」「真宰」「真君」言自然之「真」與「道」；在《德充符》裡，以叔山無趾、

哀駘它之類外貌醜陋乃至「以惡駭天下」的人，極而言有「德充之美」者，以其真性之美使人們無視他們的外貌之醜。如衛國那個哀駘它，「丈夫與之處者，思而不能去也；婦人見之，請於父母曰：『與人為妻，甯為夫子妾。』」莊子這些誇張性的描述，大概就是強調「真在內者，神動於外」吧。

　　以素、樸、真、善而審「質」之美，啟迪了人們對於世界上萬事萬物「質」的把握。當時還有一些審美概念是涉及「質」的，特別是在儒家學說中，如孟子所說的「充實之謂美」。「質」首先是一個實體，所謂「充實」即指「質」的充實。「充實而有光輝謂之大，大而化之之謂聖，聖而不可知之之謂神。」（《孟子》〈盡心下〉）孟子將「充實」與「大」「神」等審美觀念聯繫起來了。荀子則從個人品質修養的角度提出「不全不粹之不足以為美」，培養出了「全」而「粹」的品質，「權利不能傾也，群眾不能移也，天下不能蕩也」（《荀子》〈勸學〉）。當一個人品質「全」而「粹」，並且「生乎由是，死乎由是」，他就是有了崇高的「德操」，這德操實質上是人「全」而「粹」的品質能動化，使他對於複雜的客觀世界「能定然後能應」。「能定能應，夫是之謂成人。天見其明，地見其光。君子貴其全也」，這是荀子關於人格品質的審美觀。在儒、道學說有匯流之勢的《周易》中，所謂「原始要終，以為質也」，對於「質」有另一種規定性，那就是「性命之理」，說昔者聖人作《易》是「和順於道德而理於義，窮理盡性，以至於命」，說「原始要終」，就是「順性命之理」，所以又說「《易》簡而天下之理得」。

　　對於「質」的考察與審視，沒有甚至排斥審美意識的，主要是墨家與法家，他們以功利目的實現要求於「質」，比如墨子對「仁」（此可視為儒家所倡人道之「質」）就說：「仁之事者，必務求興天下之利，

除天下之害；將以為法乎天下，利人乎即為，不利人乎即止。且夫仁者為天下度也，非為其目之所美，耳之所樂，口之所甘，身體之所安。」（《墨子》〈非樂〉）他只要求「質」之用，不考慮質美與否，以「尚同」「節用」為估量「質」的價值原則。法家學派的韓非，也是從崇尚「功用」的角度來審視「質」的，他強調凡事「務本」，就是儘量以「質」為用，如說：「夫瓦器至賤也，不漏，可以盛酒。雖有乎千金之玉巵，至貴，而無當，漏，不可盛水，則人孰注漿哉？」（《韓非子》〈外儲說右上〉）瓦器賤而可用，玉巵貴而無用，二者質地有別，按「務本」「功用」觀，玉巵之美是無用的奢侈品，而於瓦器，對其「質」的審美顯然是不必要的。這種重質尚用的觀點，不只是法、墨二家有，儒家也非常講求功利，不過他們是尚用、審美並重，把尚用放在第一位。

第二節　「文」的觀念發生與「人文」種種

馬克思說：「觀念的東西不外是移入人的頭腦並在人的頭腦中改造過的物質的東西而已。」[4] 人們頭腦中所發生的「文，錯畫也」的觀念，就是人們對於身外大自然界，天地之間，遠近之內各種自然現象、物質形態，經過仰觀俯察，有了一定的視覺感受之後，產生於頭腦中的一個描繪性的觀念。因此，「文」，最初只是自然之文，即日月星辰之「天文」與山川草木之「地文」。當人們觀察天地之文後反觀自身，於是，自然之文的觀念發生了一個內化過程，產生了自身也須「文」化的欲求，這就有了個人修身之文，即表現內心的修養以及與之相適應

4　《馬克思恩格斯選集》第2卷，第217頁。

的外部行為，尤其是與他人進行交際的發自內心的言語辭令之文，更是內外結合的集中表現。人，作為天地間最有靈氣的社會動物，他將自然之文內化到自身，然後又經自身外化到社會，表現為從日用器皿、勞動工具之「文」，推而至政治場合中的儀式典禮之文，最後形成從社會最基層的民俗風情到朝廷廟堂禮樂刑政的大文化圈，這就是「天文」「地文」──自然之文之外，又有了「人文」。我們的先人以三皇五帝為「人文初祖」；劉勰說「人文之元，肇自太極」（《文心雕龍・原道》），說明他們對「人文」有了明確的觀念。《易》之《賁・彖》所謂「觀乎天文以察時變，觀乎人文以化成天下」，則較早地揭示了「天文」與「人文」的關係。

　　為了敘述方便，下文將分別揭示自然之文的觀念發生，以及「人文」的各種發生方式與表現形態。

一、自然之文的觀念發生

　　「文」，從字形上看，它就是一種具象的摹寫，人通過視覺感官，觀察物件由各種線條構成的形狀，然而將各種交錯的線條簡化，這就是最早的「文」，這一觀念符號本身就給以美感。

　　以線條交錯之美構成「文」，其實是人們久已蘊蓄於意識之中的美的觀念外化而已。多種線條交錯，多種形態並陳，多種聲音匯合而能使人的耳目發生愉悅感，這樣的審美經驗早已積澱在人們心中。《國語》〈鄭語〉中，記錄了史伯對桓公講的一段話，指出人們對於大自然界的萬事萬物，只能求其和諧協調，不能強求同一，由此他強調「和實生物，同則不繼」：

　　　　以他平他謂之和，故能豐長而物歸之。若以同裨同，盡乃棄矣。故先王以土與金、木、水、火雜，以成百物。是以和五味以調口，剛

四支以衛體，和六律以聰耳，正七體以役心，平八索以成人，建九紀以立純德，合十數以訓百體。

異物相雜，有差別的統一就是「和」，因為同一之「同」不能產生物質世界，我們的先人就寧取「物相雜」的觀念，這是他們一種很樸素的自然觀，也是很高明的哲學思想，而這，正是產生「文」這一審美觀念的哲學基礎。史伯講了以上的話後，果然作出了如下的結論：

聲一無聽，物一無文，味一無果，物一無講。

這不僅是對「文」，而是對以後文學藝術所有樣式發生都有偉大的啟示意義。史伯之後，在戰國時期出現的對《易經》進行譯解的《易傳》中關於「文」的觀念就使用得多起來了，《易傳》〈繫辭〉多處提到自然之文：

古者包犧氏之王天下也，仰則觀象於天，俯則觀法於地，觀鳥獸之文與地之宜，近取諸身，遠取諸物，於是始作八卦，以通神明之德，以類萬物之情。

由自然之文而有八卦，八卦作為一種初級的符號象徵，表示了物物相關的關係，正是「相雜」而文的表現。每一卦中的陽爻（—）與陰爻（--）分別代表大自然陽性、剛性和陰性、柔性的事物，陰陽合而謂之道。《繫辭》又說：

道有變動，故曰爻。爻有等，故曰物。物相雜，故曰文。

六爻相雜而有八經卦，經卦兩兩相雜又有六十四別卦。六十四別卦中，前已提到的《賁》卦，實際上是表述「文」之美以及「天文」與「人文」關係的一卦。

《賁》的符號是☲☶，下「離」上「艮」，「離」火，「艮」山，卦辭的說明很簡略：「亨。小利有攸往」，意即蔔筮遇此卦，可以舉行祭祀儀式，小利亨通。《易傳》之一的《彖傳》將此卦發揮為「文」的象徵：

> 賁「亨」，柔來而文剛，故「亨」。分，剛上而文柔，故「小利有攸往」。剛柔交錯，天文也。文明以止，人文也。觀乎天文，以察時變。觀乎人文，以化成天下。

山為剛性之物，火柔性之物，山、火相雜亦即剛柔交錯。山與火，本是兩種可以各不相關的自然現象，山有自然之文（草木雜生，花葉相映），火亦是自然之文（鑽木取火之後有了人為之火），當明亮的熊熊火光照亮了山，山間繽紛的色彩加上火光輝映，顯得更美了（當然，山上有火，即有太陽照耀，亦同此義，見《同人》卦）。但這種美，在人發現以前，還只是「天文」，被人發現了，或是山下之火是人點燃起來的，人舉火照山以顯山之美，「文明以止」（「止」亦是「艮」義之一），即人能明察山之文，於是「人文」也就有了。此特殊現象，便可引申出普遍意義：天地間萬物交錯就是「天文」，人對自然之文能夠明察，「用此之道裁止於人，是人之文德之教」，於是就有了「人文」。「人文」是對「天文」的接受、體驗和反映、表現，是人「欲廣美於天文」[5]。

5　對《賁・彖》的解釋，我用孔穎達之說，見《周易正義》卷三。

　　明白了「天文」與「人文」的關係，我們就可以理解《革》卦中兩條涉及「鳥獸之文」爻辭的意義：

　　九五：大人虎變，未占有孚。
　　上六：君子豹變，小人革面，征凶，居真吉。

　　《革》卦是講革故鼎新的，「其志不相得」，就得「革」：「天地革而四時成。湯武革命，順乎天而應乎人。」當革命成功，新的統治者（「大人」）登上了「九五」之位，就要有一番作為，除舊弊，創新制，發佈政令，詔示天下，使各方面都呈現巨大變化，所以說「大人虎變」。虎的皮毛是有花紋的，脫換新毛之後花紋就更有光彩。《象傳》說：「『大人虎變』，其文炳也。」由於「大人」已變，新朝諸「君子」受「大人虎變」的感化與啟迪，也要有相應的變化。他們亦像如豹換毛，雖不及虎的文采顯著，但也斐然清朗，因之謂「君子豹變，其文蔚也」。至於普通百姓（「小人」），也改變面目接受新的統治。這一卦，只是以「鳥獸之文」作喻，實質上已含有「人文」中政化之文與修身之文的觀念。

　　關於自然之文，先秦至兩漢的諸子百家著作中多有零散的論述，我以為，言之精彩而較有系統性的還是劉勰《文心雕龍》〈原道〉篇中開宗明義的那一段：

　　夫玄黃色雜，方圓體分，日月疊璧，以垂麗天之象；山川煥綺，以鋪理地之形；此蓋道之文也。……傍及萬品，動植皆文；龍鳳以藻繪呈瑞，虎豹以炳蔚凝姿；雲霞雕色，有逾畫工之妙；草木賁華，無待錦匠之奇。夫豈外飾，蓋自然耳。至於林籟結響，調如竽瑟；泉石

激韻，和若球鍠。故形立則章成矣，聲發則文生矣。

他將天文、地文、動植之文都說到了，又從中昇華出「形文」與「聲文」的頗富新意的審美新觀念，自然之文被他囊括無遺了。

二、「人文」觀念種種

如果以為古人所說的「文」，就是指「文章」「文學」，那真是莫大的誤解。即使是「人文」這一概念，它的內涵和外延都極其深邃和廣大，在當時，文章之「文」，只能算末事了。我們從《賁》卦中，已略知其「文」之範疇。如果我們再從美學觀念生成的角度去考察，人，以自己為審美主體，以自然和社會存在為審美客體，當客體之美呈現於主體審美感官之中，審美主體既可依據客體之美進行摹擬和再現，又可對客體之美進行再創造。正如劉勰所說，人是「有心之器」，具有創造美的能力，審美客體之美的多樣化呈現，必定引發人的多樣化的摹擬和千變萬化的再創造，於是就有了「人文」的多元化。劉勰在《文心雕龍》〈徵聖〉篇中，根據「人文」的發展情況和在人的不同的活動領域內呈現出的不同形態與作用，區別了三種「貴文之徵」：

先王聖化，布在方冊；夫子風采，溢於格言。是以遠稱唐世，則煥乎為盛；近褒周代，則鬱哉可從。此政化貴文之徵也。鄭伯入陳，以文辭為功；宋置折俎，以多文舉禮。此事績貴文之徵也。褒美子產，則云「言以足志，文以足言」；泛論君子，則云「情欲信，辭欲巧」。此修身貴文之徵也。

這就是說，有三種「文」：「政化」之「文」、「事績」之「文」、「修身」之「文」，言語辭令（與文學、文章有直接關係者）之文包括在「修

身」之「文」裡。

現在，讓我們先考察「政化」「事績」兩類文化現象。

《論語》〈泰伯〉記載了孔子稱讚帝堯的話：「大哉，堯之為君也！巍巍乎惟天為大，惟堯則之，蕩蕩乎，民無能名焉！巍巍乎其有成功也，煥乎其有文章。」這裡，我們又看到「大」作為一個審美觀念而出現，孟子說「大而聖」也許本於此。因為天是大的又是美的，所以「大」即「美」，堯之「大」主要是他能以天為「則」，即以天為師，一切言行均以天道為準則，善於作「虎變」（「順乎天而應乎人」），於是堯之政化亦有大美，有「文章」（「文章」概念將在後談）。按孔子以讚歎語氣所表述的堯的「文章」之美，用現代的美學術語來表達，就是崇高之美、博大之美。堯之「政化」有「文」而天下大治，這「文」的具體內容是什麼呢？天有「道」而人有「德」，這「文」就是統治者個人良好的「德行」，孔子又稱之為「文德」，「遠人不服，則修文德以來之」（《論語‧季氏》）。「文德」表現在多個方面，禮、樂、刑、政，大概就是國家的「文德」。《左傳》〈桓公二年〉記載了臧哀伯勸魯桓公以「文」而「昭德塞違以臨照百官」，以實現國家的長治久安：

　　火、龍、黼、黻，昭其文也。五色比象，昭其物也。錫、鸞、和、鈴、昭其聲也。三辰旂旗，昭其明也。夫德儉而有度，登降有數，文物以紀之，聲明以發之，以臨照百官，百官於是乎戒懼，而不敢易紀律。

以「文」來顯示國家政治制度的嚴明，並使其君王之德昭然於天下，此時的「文」，便成了統治者重要的統治手段和方法。這種「文」，後來又演變為兩種比較固定的形式，那就是「禮」與「樂」。《禮記》〈禮

器〉篇説：

> 先王之立禮也，有本有文。忠信，禮之本也；義理，禮之文也。無本不立，無文不行。

荀子也説：「凡禮，始乎 ，成乎文，終乎悦恔。故至備，情文俱盡；其次，情文代勝；其下，復情以歸大一也。」（《荀子》〈禮論〉）可見「禮」既作為朝廷政化之「文」，也作為個人之「文」。「樂」，首先是作為「禮」的「聲文」形式（典禮、儀式是「形文」）出現的。子產説：「九歌、八風、七音、六律，以奉五聲。」（《左傳》）這説明我國的音樂文化產生很早，並且已進入到比較成熟的境界。《樂記》中關於音樂審美的語言表述已有「屈、伸、俯、仰、綴、兆、舒、疾」等語，並稱之為「樂之文」，在各種典禮儀式上奏樂，配合行禮的「升、降、上、下、周、還、裼、襲」等動作，造成激發情感的氣氛並將人的情感逐漸推向高潮，收到最佳的「昭德」之效果。《樂記》説得好：

> 禮者，殊事合敬者也。樂者，異文合愛者也。禮樂之情同，故明王以相沿也。故事與時並，名與功偕。

在中國漫長的封建社會裡，統治者為鞏固政權的需要，這種「政化」「事績」之文可説有著畸形的繁榮，「以多文舉禮」而發展為「繁文縟禮」，「文」的功利意義淹沒了「文」的審美意義，實際上，所謂「文」也就成了一種僵化了的外部形式。

社會政治制度的確立與完善乃至理想化，運用禮樂之文固然可以「昭德塞違」，但樹其根本，關鍵還在於人的作用。孔子敏於此，教導

他的弟子要特別注重個人身心言行方面的修養，他對「修身之文」非常重視並有著各種要求，「子以四教：文、行、忠、信」，將「文」置於四教之首。但孔子「修身之文」的提倡更多是強調人的內在的美德、學問、性格修養，而非審美的形式，如：

公叔文子之臣大夫僎，與文子同升諸公。子聞之，曰：「可以為文矣。」（《論語》〈憲問〉）

公叔拔發現自己的家臣僎有才能，向朝廷推薦，於是，僎與自己原先的主子同時擢升為朝廷重臣。朱熹注引「洪氏曰：家臣之賤而引之使與己並，有三善焉：知人一也；忘己二也；事君三也。」[6]知人善任又能出以公心，是一種難能的美德，就是「文」。又如：

子貢問曰：「孔文子何以謂之文也？」子曰：「敏而好學，不恥下問，是以謂之文也。」（《論語》〈公冶長〉）

這是以學問修養為「文」。「博學於文，約之以禮」（《論語》〈雍也〉），孔子對學問的要求是多樣的，特別鼓勵學生學好《詩》《書》《易》等古代典籍，他把「不學《詩》」提到「無以言」的高度來強調，把「溫柔敦厚」作為「詩教」，與「恭儉莊敬」的禮教並列。

對於人的性格修養，從孔子至孟子，再到荀子，都把它納入了「文」的範疇。孔子反對「暴虎馮河，死而無悔」的匹夫之勇，有一次──

6　朱熹：《四書集注‧論語卷之七‧憲問第十四》。

　　子路問成人。子曰：「若臧武仲之知，公綽之不欲，卞莊子之勇，冉求之藝，文之以禮樂，亦可以為成人矣。」（《論語》〈憲問〉）

　　人之「知」「不欲」「勇」「藝」與「文」結合起來，就是美之「成人」，也就是後來孟子概括的「充實之謂美」，這就將人之品德上升到了「質文」俱備的審美範疇。屈原則用詩句表述此種意向：「紛吾既有此內美兮，又重之以修能。」（《離騷》）至於荀子，則給「君子」定下了一個「至文」的標準：

　　君子寬而不僈，廉而不劌，辯而不爭，察而不激，直立而不勝，堅強而不暴，柔從而不流，恭敬謹慎而容：夫是之謂至文。《詩》曰：「溫溫恭人，惟德之基。」此之謂矣。（《荀子》〈不苟〉）

　　這就是中國封建社會中的所謂正人君子人品道德的最佳規範，也是孔子所提倡的修身之「文」最完美的體現。

　　言語辭令之「文」，是修身之「文」一個重要方面。語言是思想的直接現實，人有「內美」，不能憑「錦鏽文采靡曼之衣」表現出來，必須通過孕育於內心，經由口或筆傳導出來的言語文字得以外現。因此，言語辭令之「文」在個人內修外化之「文」中，有著特殊的重要位置。遠古時代，尚無自覺的美感文學，人們沒有意識到語言可以作為一種藝術的語言，去傳導、描繪具有美感的形象，他們對於語言文字還只有最基本的要求：「辭達而已矣」（《論語》〈衛靈公〉），只要能表達主體之意就可以了。但是，既然言為心聲，也就應當與個人的文德相適應，以至相得益彰。本書《小引》已提及《國語》〈晉語五〉的一則記事，將言與人的內心、外貌關係，講得很精當：

陽處父如衛，反，過宵，舍於逆旅寧嬴氏。……（寧嬴氏）曰：「吾見其貌而欲之，聞其言而惡之。夫貌，情之華也；言，貌之機也。身為情，成於中。言，身之文也。言文而發之，合而後行，離則有釁。今陽子之貌濟，其言匱，非其實也。」……

情、貌、言合成一體，「文」則由內而外發，由情而言發。別人則由你的言語辭令或文或野，來領會你情感的或正或邪，與人品、心性的或優或劣。

春秋戰國時期是我國歷史上第一個「百家爭鳴」的時期，諸子百家各自不同的政治思想、哲學觀點與道德倫理之論，必須運用言語辭令而「鳴」出來。縱橫家及所有的謀士說客，他們的策辯如果沒有文采，便不能鼓動各國君王之心；哲學家的學術言論如果沒有文采，便不能廣為傳播；乃至史官，雖有秉筆直書的職業要求，但為美化、神化最高統治者，「為大人賢者隱」，也往往有文飾之筆。

孔子更是一個非常重視言語辭令之文的學者，《左傳》中記錄過他的話：

仲尼曰：「《志》有之：『言以足志，文以足言。』不言，誰知其志？言之無文，行而不遠。晉為伯，鄭入陳，非文辭不為功。慎辭哉！」（《左傳》〈襄公二十五年〉）

言是「志」的載體，「文」是言之四輪，「言」欲發揮自己的功能，必須有斐然的文采。對言語辭令的審美要求有什麼標準？「辭達」不屬於審美，「辭巧」之「巧」就在審美視野之中了，孔子嚮往「情欲信，辭欲巧」的語言表達（沒有情之「信」，「巧言令色，鮮矣仁」，他也反

對），主張語言有文采地表述，應向《詩》學習，為此告誡他的兒子：「不學《詩》，無以言。」前面提到過老子的「善言」，孟子也有他關於「善言」的標準：「言近而指遠者，善言也；守約而施博者，善道也。君子之言也，不下帶而道存焉。」（《孟子》〈盡心下〉）解釋《周易》的《易傳》有「乾文言」和「坤文言」，合稱《文言》，高亨先生說所謂「文言」，「謂用文字以記言也，以記其乾、坤兩卦之言也」。我以為不僅僅是「文字以記」而已，這兩段話確實很有文采，應該稱之為兩篇議論、抒情、描寫結合，寫得很美的散文。請看《乾文言》裡在議論中的描寫與抒情：

乾始能以美利利天下，不言所利，大矣哉！大哉乾乎！剛健中正，純粹精也。六爻發揮，旁通情也。時乘六龍，以禦天也。雲行雨施，天下平也。

就這一小段，不有點像散文詩嗎？有些詞句很注意修辭：「君子體仁足以長人，嘉會足以學禮，利物足以和義，貞固足以幹事。」乾淨俐落的排比句式，連用四個「足以」，使需要表達的語意通過語感的強化而得以突出並連貫一氣。《易傳》的作者們已有言之「文」的自覺意識，對如何取得言語辭令之文的審美效果已有了一些技術性手段，《繫辭》說：

夫《易》，彰往而察來，而微顯闡幽。開而當名辨物，正言斷辭，則備矣。其稱名也小，其取類也大。其旨遠，其辭文，其言曲而中，其事肆而隱。

　　「稱名」二句，已是象徵之義，孟子說的「言近指遠」在這裡有了具體的方法。「旨遠辭文」「曲而中」「肆而隱」，已開創造文學語言之先聲。還有：

　　子曰：書不盡言，言不盡意。然則聖人之意，其不可見乎？子曰：聖人立象以盡意。

　　如果我們抽去這段話中的「立象」僅指卦象的規定，代之以立客觀事物（即「言」之物件）的形象，那麼，形象的描繪與塑造，便被視為語言的一種功能了。語言的形象性，不正是後來的美感文學最重要的特徵嗎？正是言語辭令之「文」的講求，才有後來的文章與文學作品的出現，使「文」與「質」這一對美學範疇，更多地在文學藝術領域之內產生持久和積極的效應。

第二章

「文質彬彬」

　　從觀念生成過程來說，「文」與「質」是獨立生成的兩個觀念，前者表現事物的外在之美，後者表現事物的內在之美。從審美的角度考察，它們之間又有區別：「文」既然表現為外在的美，使人感受的便多是具象美，如線條、色彩、形象等，由視覺器官所攝取；聯類而推，又有聽覺器官所攝取的，如音之高、低、抑、揚、疾、徐、舒、緩；這就是後來說的「形文」和「聲文」。在我們先人的心目中，以「文」包孕「美」的觀念是很自覺的，用今天的美學觀念來分類，所謂「天文」，即自然美；所謂「人文」，即社會美。只是藝術美當時尚未明確化，實際上藝術美已存在于「修身之文」中，言語辭令之美是其萌芽，同時也反映在當時的繪畫、工藝製作之中。「質」既然表現為內在之美，使人感受的便是抽象美，其美之內核是「真」與「善」，或者說，是真、善、美的統一，其可感態勢，如「充實」，如「樸」、如「素」，也具有相當的抽象性。

在先秦最有理論勢力，在後來思想、學術、文化界影響最深遠的儒、道兩大學派之中，對於這兩種美的觀念形態的把握與實踐，亦有區別。儒家學派顧及事物內與外的關係，承認事物內在之美與外在之美有不同的態勢，但又存在著一定的因果關係，還考慮某些特殊的事物或某些事物在特殊的情況下，內與外會發生乖離之狀。因此，他們根據外美與內美確實是兩種不同的審美形態，提出「文」與「質」統一說。中國美學史上「文」與「質」這一對審美範疇，便是由儒家學派確定的。道家學派的審美視點則集焦於「質」，老子不認為美的本體之外還有美的形式，他界定本體的「真」與「善」即美，因而他對事物外部之「文」不以為然甚至頗為反感。他這種捨棄其外而專注其內的審美思維，對於事物本質之美的絕對強調和執著追求，從事物的內部方面強化和深化了美的生成及其存在的價值，也強化和深化了人們對於一切事物本質美的認識，從而開啟了中國古典美學中關於美的本質在理論和實踐兩個方向上的探討。在「文」與「質」這一對審美範疇中，道家學派也做出了獨特的貢獻。

本章將比較詳細地考察一下在「人文」領域之內，「文」與「質」作為一對審美範疇的確立與發展，然後試從美的本質說角度，對儒、道二家的「文質」觀，作一比較性闡述。

第一節　儒家「文」「質」統一觀的確立

儒家學說，就其根本性質來說，是屬於統治階級的學說，它首先致力於為統治階級確立一個國家的統治秩序，這種秩序又主要表現為群臣上下有等，老幼尊卑有序，男女內外有別。這種「秩序」意識形成了儒家學者的思維模式，在審美方面也依此而行，任何事物的內容

與形式，內部之美與外部之美，「質」與「文」，都處在一定的審美秩序之中。

「文」的觀念之於儒家學者，最重要的表現在於禮樂，禮樂是國家、朝廷「文」的形式，個人修身也是「文之以禮樂」，孔子非常嚮往「周禮」，說「周監於二代，鬱鬱乎文哉！吾從周」（《論語》〈八佾〉），「周禮」之「文」是他最高的審美標準。與「禮」之「文」相對應的「禮」之「質」，其核心是「仁」，「仁」是人的一種內在欲求，是人性之本，因此也是「禮之本」。統治者與被統治者雖然尊卑貴賤有別，但只要都保持了「仁」之性，統治秩序就不會亂，社會就能和諧地發展，這就是所謂「克己復禮為仁。一日克己復禮，天下歸仁焉」（《論語》〈顏淵〉）。「複禮」而「歸仁」，「仁」與「禮」，是一個國家統治思想與統治手段的統一，一個人的思想與行為的統一，失去「禮」之「質」，「禮」之「文」便無任何實際的意義和價值，孔子說：「人而不仁，如禮何？人而不仁，如樂何？」（《論語》〈八佾〉）引而申之，儒家的「文」「質」統一觀，便是牢固地建立在這樣的思想認識和理論基礎之上。

充分體現儒家那種「秩序」意識，最原則地確立了「文」「質」統一觀的，是孔子那句名言：「文質彬彬」，見於《論語》〈雍也〉：

子曰：「質勝文則野，文勝質則史，文質彬彬，然後君子。」

這段話講得相當高明，既對「質」「文」作了理論的抽象，辯證地對「質勝」與「文勝」兩種情況進行了比較，最後又虛擬「君子」，生動而形象。在孔子看來，「質勝」而「文」不足，則僅有淳素質樸之態；「文勝」而「質」不實，則有虛華無實之嫌。唯有內之質與外之文相互適應（朱熹注：「彬彬猶班班，物相雜而適均之貌」），質盛而文

茂，才是「君子」應具的風度。孔子所說的「野」，是他對「野人」品質的引申，在《論語》〈先進〉中說：「先進於禮樂，野人也；後進於禮樂，君子也。如用之，則吾從先進。」質而少文的鄉野之人品性淳樸，有可愛之處，當然還須有禮樂的學習和修養。他所說的「史」，是對史官活動的引申，史官寫史，本應絕對客觀地記錄一切歷史事實，不應虛飾（《說文解字》釋「史」：「史，記事者也，從又持中，中，正也」），但是，因為「史」記錄的不少是國家最高統治者的活動，為不損害他們貌似神聖的形象，史官是難以真正做到「秉筆直書」的，連孔子自己也說，「史」要「為親者諱，為賢者諱，為尊者諱」。隨著國家的政治制度越是嚴密，那種虛飾傾向可能愈益嚴重，《禮記》〈表記〉中記錄了孔子另一段關於「史」的談話：「虞夏之質，殷周之文，至矣。虞夏之文，不勝其質，殷周之質，不勝其文。」這就是說，虞夏尚淳樸，殷周就有虛飾了。孔子對「史」微有貶意，而對「野」，從實用角度，倒有「吾從」之意，這說明他雖然主張文質並茂，但更注重美質先於美文，他回答子夏之問所說的「繪事後素」，也證明他持有此種觀點（見《論語》〈八佾〉）。

　　根據孔門後學所記錄的材料，在思孟學派子思所編著的《中庸》和由西漢戴聖、戴德所整理的《禮記》中，都對孔子的「文」「質」統一觀有所補充和進一步的發揮。《中庸》第三十三章首段云：

　　詩曰：「衣錦尚絅。」惡其文之著也。故君子之道，暗然而日章；小人之道，的然而日亡。君子之道，淡而不厭，簡而文，溫而理。知遠之近，知風之自，知微之顯，可與入德矣。

　　這裡講的是君子「質」「文」適均，小人則「文勝」其「質」，兩

者前途迥異，不過，此處是以「道」，替「質」（可能是最早明確地標舉「文」與「道」的關係）。「簡而文」云云，則是對「文質彬彬」提出了新的審美尺度。《禮記》中所記，則多是從「禮」的角度強調內容與形式的統一，所謂「凡禮始於脱，成於文，終於隆」；以「大羹不和，貴其質也；大圭不琢，美其質也」之喻強調「質」的重要性，同時也對形式美給予高度的重視。《禮記》〈少儀〉篇云：

> 言語之美，穆穆皇皇；朝廷之美，濟濟翔翔；祭祀之美，齊齊皇皇；車馬之美，匪匪翼翼；鸞和之美，肅肅雍雍。

這是對莊嚴肅穆之美的描述，其「文」何等輝煌！至於人的德行與文飾的表裡一致，《大戴禮記》〈勸學〉説：

> 孔子曰：「野哉！君子不可以不學見人，不可以不飾。不飾無貌，無貌不敬，不敬無禮，無禮不立。夫遠而有老者，飾也；近而逾明者，學也。」

《禮記》〈表記〉篇説：

> 是故君子服其服，則文以君子之容；有其容，則文以君子之辭；遂其辭，則實以君子之德。是故君子恥服其服而無其容，恥有其容而無其辭，恥有其辭而無其德，恥有其德而無其行。

服飾、容貌、舉止、言辭皆是君子之「文」，「君子之德」是其「質」，這是將君子「文質彬彬」的內容具體化了。《大戴禮記》〈四代〉

認為，文之美必有「質」之美，「文」之惡，必有「質」之惡：

> 蓋人有可知者焉：貌色聲眾有美焉，必有美質在其中矣；貌色聲眾有惡焉，必有惡質在其中矣。

《論語》〈子張〉記子夏語：「小人之過也必文。」那種飾「過」之「文」是令人厭惡的。

儒家學派的另一重要人物孟軻，在《孟子》一書中直接論及「文」「質」關係的言語不多，他的基本觀點也是由「質」而統「文」的。最著名的一段話就是「說詩者，不以文害辭，不以辭害志」（《孟子》〈萬章上〉）。他還說「言近而指遠者，善言也；守約而施博者，善道也」（《孟子》〈盡心下〉），已論及言語辭令之「文」一項重要的審美原則，開作文賦詩追求含蓄蘊藉之美的先聲。在此，我還想引用他另外兩段話，都是以人為喻來講「文」「質」之關係，一見於《孟子》〈離婁〉中：

> 存乎人者，莫良於眸子，眸子不能掩其惡。胸中正，則眸子瞭焉；胸中不正，則眸子眊焉。

人的眼睛是靈魂的窗戶，人的心理活動都能在眼睛中反映出來，胸正而眼瞭，或反之，都表現出一個人的精神面貌。魏晉以後的畫家，知畫人必畫好眼睛以傳人之「神」，使中國的繪畫藝術大進。《孟子》〈盡心上〉有一段則云：

> 君子所性，仁義禮智根於心，其生色也睟然，見於面，盎於背，

施於四體，四體不言而喻。

　　這也是「君子之道，暗然而日章」的意思，有內在之質美，自然會發於外在之文美，文采「晬然」，其內質之「充實」便不言而喻。孟子是很強調「實」的，他還有「仁之實」「義之實」「智之實」「禮之實」「樂之實」之說，並指出它們內在的邏輯關係：仁與義之「實」分別作為智、禮、樂之「實」發生與表現的「根」，人們對仁義之「實」先有理性的認識，而後再有情感表現，以至「不知足之蹈之手之舞之」（見《孟子》〈離婁上〉）。孟子這些論術，都反映了他「充實之謂美，充實而有光輝之謂大」的美學觀和「文」「質」統一觀。

　　孟子之後的荀子，雖然在「性善」「性惡」的問題上與儒家正統派有了分歧，但他的學說大體還是以孔子之學為基礎的，他的「文」「質」觀還停留在闡釋「禮樂」的課題上，突出之處是他反對墨子「非樂」、輕文、割裂文質的錯誤觀點，墨子是從社會功利目的指責「禮樂」為「天下之害」，「不可不禁而止」，荀子則不遺餘力地論證「禮樂」之「文」如何符合社會的功利目的，將「文」「質」統一觀的功利目的推向了極致。荀子有一個著名的觀點：「性者，天之就也；情者，性之質也；欲者，情之應也。以所欲為可得而求之，情之所必不免也。以為可而道之，知所必出也。」（《荀子》〈正名〉）這是頗具情味的哲學思想。他肯定美文聲色，是人情之所同欲：「目辨白黑美惡，耳辨音聲清濁，口辨酸鹹甘苦，鼻辨芬芳腥臊，骨體膚理辨寒暑疾養，是又人之所常生而有也，是無待而然者也。」（《荀子》〈榮辱〉）考慮到了人的生理和心理因素。接著他又提出了審視物件的標準和功利目的，這個標準便是「不全不粹之不足以為美」，他要求完美與精粹，若非如此，「使目非是無欲見也，使耳非是無欲聞也，使口非是無欲言也，使心非

是無欲慮也。及至其致好之也，目好之五色，耳好之五聲，口好之五味，心利之有天下」（《荀子》〈勸學〉）。由此，他將「禮」看作有「養口」「養鼻」「養目」「養耳」「養體」的作用。他從「禮」的角度論述了「文」「質」必須統一：

> 文理繁，情用省，是禮之隆也。文理省，情用繁，是禮之殺也。文理情用，相為內外表裡，並行而雜，是禮之中流也。故君子上致其隆，下盡其殺，而中處其中。（《荀子》〈禮論〉）

荀子是主張「質」與「文」「相為內外表裡」的，他還特別強調文飾對於「質」的調節與發揮的作用，認為「達愛敬之文，而滋成行義之美」，他列舉了「文飾」「粗惡」，「聲樂」「哭泣」，「恬愉」「憂戚」三對矛盾，「文飾、聲樂、恬愉，所以持平奉吉也；粗惡，哭泣，憂戚，所以持險奉凶也」，對於這些引起矛盾的情感與事物，「其立文飾也，不至於窕冶；其立粗惡也，不至於瘠棄；其立聲樂恬愉也，不至於流淫惰慢；其立哭泣哀戚也，不致於隘懾傷生。是禮之中流也。」（《荀子》〈禮論〉）這些話，似乎是針對墨翟「繁飾禮樂以淫人」而發的，荀子以「禮之中流」視為「文」「質」適均、完滿統一的典範。

荀子是站在封建統治階級的立場來論證這一問題的，是明確意識到，封建等級制度之「質」，必須有與此相應之「文」，從統治者威加天下的政治目的而要求，他將文飾的功利之用推向了極致。他公開聲稱，人之情感領域中各種欲望，「王者兼而有是者」，並且將文飾美化完全看作是統治者的一種治人之術：

> 為人主上者不美不飾之不足以一民也；不富不厚之不足以管下

也；不威不強之不足以禁暴勝悍也。故必將撞大鐘、擊鳴鼓、吹笙竽、彈琴瑟，以塞其耳；必將雕琢刻鏤、黼黻文章，以塞其目；必將芻豢稻粱，五味芬芳，以塞其口。（《荀子》〈富國〉）

在為封建統治階級服務的文人那裡，「養」與「塞」的作用是一致的。荀子這種極致的功利觀，使他的文質觀喪失了美學的價值。他另有一段話（亦見《荀子》〈富國〉）實際上完全抹去了文飾的美感作用：「為之雕琢刻鏤、黼黻文章，使足以辨貴賤而已，不求其觀；為之鐘鼓管磬，琴瑟竽笙，使足以辨吉凶、合歡定和而已，不求其餘；為之宮室台榭，使足以避燥濕、養德、辨輕重而已，不求其外。《詩》曰：『雕琢其章，金玉其相，亹亹我王，綱紀四方。』此之謂也。」荀子在此毫不「文飾」自己的政治觀點。

先秦儒家的文質統一觀，發展到荀子可以告一段落。從美學角度觀察，「文質彬彬」可以作為一種獨立的審美態勢，一種審美準則，但是由於儒家的功利主義思想的深深滲透，又潛伏著質文分裂的隱患，可能導致韓非所說的：「君子皆知文章矣，而欲服者彌少。」（《韓非子》〈十過〉）這或許是孔子建立「文質」統一觀的秩序意識發展的必然結果，使「文質彬彬」在理論和實踐上終未達到美學意義的成熟。像荀子所為，雖然他主觀上強調了文質必須統一，但實際上又將「文」降低到附庸的地位，發揮種種虛飾的作用，喪失了自覺的審美意識和美學追求，這樣，給道家關於「質」本身應是真、善、美統一之美學觀，留下了很大的地盤。

第二節 「文質」理論在兩漢的發展

　　先秦儒家關於「文」與「質」的論述，尚未形成較為完善的理論
系統，孔子對之所作的闡釋，僅是一些語錄而已。同時，對於「文質
彬彬」的論證物件，涉及政化與修身，皆是聯繫「仁義」與「禮樂」，
尚少理論的抽象與昇華。這種情況到兩漢時代有了改變。由於兩漢在
學術方面有「經學」的繁榮，經學家們都對先秦諸子進行了深入的鑽
研，「皓首窮經」而獲得了不愧「一代人文」的豐碩成果。「文」與「質」
的問題在漢代也得到應有的注意，不少著名經學家的論著都有所涉
及。西漢劉安、董仲舒、劉向、揚雄，東漢王充、阮瑀、應瑒，都對
「文質」理論逐步完善、系統化做出了貢獻，其中，劉安的《淮南子》
吸收道家美學思想，對「文」「質」統一觀提出了不少新的見解。劉向
在《説苑》中專設《修文》《反質》兩個專章，主要是對孔子的「文質」
説進行了總結性的發揮。揚雄則在《太玄經》〈文〉中，從宇宙萬物的
變化論證「文」「質」的統一。東漢末年建安時代的阮瑀、應瑒各寫一
篇《文質論》，一正一反，似乎是對兩種不同的「文質」觀各作一個理
論上的總結。

　　董仲舒、劉向、揚雄、王充、應瑒的「文質」論，基本上是與先
秦儒家一致的，但他們似乎都覺察到孔門後學如荀子等人，過分強調
了「文」的功利性，反使「文」墮入虛飾之途，從而掩蓋了作為事物
之本的「質」的真實性，因此，他們的論述都將「質」置於「文」「質」
關係中最顯目的地位。董仲舒將「質」與「詩言志」一語的「志」聯
繫起來，言詩則説：「詩道志，故長於質」，講「文」與「質」的關係
則説：

　　志為質，物為文。文著於質，質不居文，文安施質。文質兩備，
然後其禮成。文質偏行，不能有我爾之名；俱不能備而偏行之，寧有

質而無文。……《春秋》之序道也，先質而後文，右志而左物。（《春秋繁露》〈玉杯〉）

他將「志」與「物」作為「質」與「文」的一個參照範疇，「志」是內在的，「物」是外在的，強調了「質」與「文」的內、外關係。「物」因「志」而顯，「文」因「質」而「著」，比如音樂，「教化之情不得，雅頌之樂不成」，「樂」是為頌「王者之德」而產生的。董仲舒據孔子「繪事後素」之說，明確提出「先質而後文」，這是達到「文質兩備」的正確途徑。

劉向的「文質」論也是循「質」而進的，我們在第一章裡已引述他在《說苑》〈反質〉章裡關於「孔子卦得《賁》」而歎息的一段，表述了他「質有餘不受飾」的觀點。在《說苑》〈修文〉章裡，則對「質」而後「文」，「文」以飾「質」有更多的論述。劉向認為音樂的作用是「動人」，「樂之動於內，使人易道而好良；樂之動於外，使人溫恭而文雅」。因此，就須特別注意樂曲中足以動人的內在素質，那就是「樂」之「德」，「樂者，德之風」，有什麼樣的內在之德，通過樂音便發生什麼樣的外在效應：「雅頌之聲動人而正氣應之；和成容好之聲動人而和氣應之；粗厲猛賁之聲動人而怒氣應之；鄭衛之聲動人而淫氣應之。」因此劉向告誡：「是以君子慎其所以動人者。」對於有內在之美者，劉向則強調文飾的必要性，他講了這麼一個小故事：

孔子見子桑伯子，子桑伯子不衣冠而處。弟子曰：「夫子何為見此人乎？」曰：「其質美而無文，吾欲說而文之。」孔子去，子桑伯子門人不悅，曰：「何為見孔子乎？」曰：「其質美而文繁，吾欲說而去其文。」

一個「質美而無文」，一個「質美而文繁」，看來誰也沒有說服誰，劉向的態度是明朗的，他認為：「文質修者，謂之君子，有質而無文，謂之易野。子桑伯子易野，欲同人道於牛馬。」他進而將人之衣冠文飾，看作「君子成人」的重要標誌，「內心修德，外被禮文，所以成顯令之名也」。[1]

揚雄是西漢、東漢之交時期對「文質」理論做出了重要貢獻的學者，在他的《法言》和《太玄經》中，有不少關於「文」與「質」問題的言論，他主要的觀點也與董仲舒、劉向二人近似，把「質」放首要地位，說「無質先文，失貞也」，但他又認為「質有餘者」亦須「受飾」。《法言》〈寡見〉說：

或曰：「良玉不雕，美言不文，何謂也？」曰：「玉不雕，璵璠不作器；言不文，典謨不作經。」

揚雄已將「文」與「質」的理論問題聯繫到詩賦文章的創作，這一點我將在下一章談到，這裡讓我們看看他的《太玄經》〈文〉如何從宇宙萬物的發生變化論證「文質」的生髮和統一。《太玄》是仿《周易》而作的，也以陰、陽二氣相互消長，並按卦象之中爻象次第變化之跡，來考察「文質」的生髮和變化。《太玄》〈文〉云：

陰斂其質，陽散其文，文質班班，萬物粲然。初一，袥犢何縵玉貞。測曰：「袥犢何縵，文在內也。次二，文蔚質否。測曰：文蔚質否，不能俱睟也。次三，大文彌樸，孚似不足。測曰：大文彌樸，質

1　劉向：《說苑》，轉引自《百子全書》第1冊，浙江人民出版社1984年版。

有餘也。次四，裴如邲如，虎豹文如，匪天之亨，否。測曰：斐邲之否，奚足譽也。次五，炳如彪如，尚文昭如，車服庸如。測曰：彪如在上，天文炳也。次六，鴻文無范，恣於川。測曰：鴻文無范，恣意往也。次七，雉之不祿，而雞蓋穀。測曰：雉之不祿，難幽養也。次八，雕鐵，穀布亡於時，文則亂。測曰：雕鐵之文，徒費日也。上九，極文密密，易以黼黻。測曰：極文之易，當以質也。[2]

揚雄據《周易》〈賁〉「剛柔交錯，天文也」來解釋「文」與「質」的發生，更具體地指出「陰斂其質，陽散其文」，「質」是陰柔之氣內斂的結果，「文」是陽剛之氣發散的結果[3]，這就把宇宙間萬物粲然的「文質」，歸結為自然界的普遍規律，不能隨便違背，不能隨意說什麼「君子質而已矣，何以文為」，但「人文」是「欲廣美於天文」。不像自然事物「文質」均由天成，「人文」領域的「文」與「質」統一有個過程，它由不統一到統一，統一又可能遭到破壞。揚雄根據自己所構築的「太玄」模式，把每一事物周而復始的變化分成兩個大的階段，九個小的階段。第一大階段從一至五，是上升發展的階段；第二大階段從五至九，是下降衰頹的階段（即《太玄圖》中所謂「五以下作息，五以上作消」）。「初一」是指事物之始，「文」尚未顯露出來，就像沒有繡花的夾衣和衣帶（承《周易》〈坤〉云：「黃裳元吉，文在中也」）；「次二」，「文」發展為「蔚然」之象，但「質」未相應呈現，還不能一道「生色也睟然」；「次三」，文采向「質」彌漫，但不足以覆蓋本體，

2　《太玄》卷第四。轉引自《百子全書》第4冊。

3　據《賁‧象》釋《賁》（☲）之上下卦，下卦《離》（☲）是「柔來而文剛」，以剛為質，以柔為文；上卦《艮》（☶）是「分剛上而文柔」，以柔為質，以剛為文。陰柔、陽剛可互為文質。

這就是「質有餘」而「質勝文」；「次四」，文采斐然，但不能與事物本來之「質」（天然之質）融合，便成了虛飾之文，是「文勝質」之表現；「次五」，文采昭然，質以彪炳，「文」「質」融合一體如自然界之「文質班班，萬物粲然」，「人文」至此達到「文」「質」統一的最高境界，與「天文」相輝映。「五以上作消」，揚雄將「文」「質」統一的被破壞，歸結為對「文」處理不當；「次六」，人之為「文」失去規範，任意而為是破壞「文」「質」統一的第一個原因；「次七」，文采雖然如野雞那樣粲然奪目，但不是「正色」（如家雞之毛色），不能為君子聖賢所接受（孔子有云：「惡紫之奪朱也，惡鄭聲之亂雅樂也」），是破壞「文」「質」統一的第二個原因；「次八」，為「文」刻意雕琢，因小失大（「䃺」同「鐵」，今「纖細」之「纖」），因「文」誤「質」，如播種誤了季節，是破壞「文」「質」統一的第三個原因。恣意無範，以雜替正，雕琢失真，三者形成一種「人文」的頹勢，欲予挽回，必須變易，「易以黼黻」，即易之極簡單、極素淡之文（白與黑為黼，黑與青為黻），也就是「簡而文」（見前引《中庸》語），「上九」是下降的止點，又可成為上升的起點。揚雄雖然採用的是他主觀設置的模式，但他將「文」「質」的矛盾統一過程中存在的二者可向對立面轉化的種種現象和原因，都基本考慮到並揭示出來了。從不統一到統一階段，有內部規律可循，「文」「質」相適應是逐步認識、逐步深化、逐步實現的，與人的創造心理活動緊密聯繫著。統一的破壞則多來自外部，皆是為文者「恣意」的行為所致。這樣，他也對先秦以來「重質輕文」和為急功近利而「文」的錯誤言論，作了一定程度的澄清，「文質」問題在理論上開始系統化了。

　　揚雄之後的王充，他的「文質」觀集中反映在《論衡》〈書解〉篇中，針對《論語》〈顏淵〉篇所記衛國棘子成對「文質」問題詰難子貢

的兩句話，謂「君子質而已矣，何以文為？」進行了駁議：「夫人有文質乃成，物有華而不實，有實而不華者。」他認為要區別人的貴賤等級，就必須觀其文德之操。「大人德擴其文炳，小人德熾其文斑，官尊而文繁，德高而文積。……衣服以品賢，賢以文為差。愚傑不別，須文以立折。」他引申到自然界，山無林則為土山，地無毛則為瀉土，土山不能藏麋鹿，瀉土不能長五穀，這說明「文」有賴於「質」，「質」亦有賴於「文」。王充在傳統的「文質」理論方面沒有多大發展，他的主要貢獻是將「文質」關係問題轉入到了文章寫作的領域，提出了一個與「文」與「質」相應的「文」與「實」的新命題，是文章理論的奠基與開拓，對之將在下一章作專題論述。

　　直接繼承揚雄《太玄》〈文〉的理論觀點並有所發揮的，是東漢末年應瑒的《文質論》，應瑒和阮瑀都是曹丕所推崇的「建安七子」中的兩位傑出作家，但他們在「文質」理論方面卻觀點迥異。阮瑀的《文質論》崇質抑文，「抑文」的理由主要是兩條：（一）「質」有用而「文」無實用價值，「麗物苦偽，醜器多牢；華璧易碎，金鐵難陶」。追求「文」之美，反有損於「質」之用。（二）人多「文」於治國不利，「言多方者，情難處也；術饒津者，要難求也；意弘博者，情難足也；性明察者，下難事也」。他推崇的是「少言辭者，政不煩也；寡知見者，物不擾也；專一道者，思不散也；混濛蔑者，民不備也」。他甚至用「質士」之稱以區別於「文士」，「質士」才是安邦治國之材，「安劉氏，正嫡位」如周勃之輩，「大臣木強，不至華言」，或「意崇敦樸」的「堅強一學之士」。應瑒之作，似乎就是針對阮瑀的，他也是從宇宙間萬物的發生、發展來論定「文質」的矛盾統一是符合自然規律的：

　　　　蓋皇穹肇載，陰陽初分，日月運其光，列宿曜其文，百谷麗於

土，芳華茂於春。是以聖人合德天地，稟氣淳靈，仰觀象於玄表、俯察式於群形，窮神知化，萬物是經。故否泰易趨，道無攸一，二政代官，有文有質。[4]

　　阮瑀在他的《文質論》有曰：「遠不可識，文之觀也，近而易察，質之用也。」認為「質實」而「文虛」。應瑒則認為「文」也是物質的存在，百穀是土地之文，芳華是春天之文，世界上萬事萬物的否泰變易，都是內容與形式同時發生變化的。接著他從自然之文轉向「人文」領域，說「質者端一玄靜」，不足以應世，統治一個國家，必須有文化手段，「質」借「文」以顯，「文」因「質」而用（「摛藻奮權，赫奕丕烈，紀襌協律，禮儀煥別」等等），而有的富有文采之物，也不必都求實用，能使人怡情養性、審美遊玩即可（「若夫和氏之明璧，輕轂之袿裳，必將遊玩於左右，振飾於宮房」），何必將麗物比於醜器、華璧比於金鐵？它們的質地與作用各不相同，爭其「牢偽之勢，金布之剛」有何意義？他又反駁阮瑀治國者不必有「文」的論調，指出：「明建天下者，非一士之術；營造宮室者，非一匠之矩也。」劉邦得天下，固然需要周勃這樣的「忠毅之士」，也少不了「摛其文辭」的陸賈、酈食其等文士，若無蕭何「創其章律」，叔孫通「定其庠序」，豈有大漢的法治與文治？應瑒明確指出，「質」不足以應世的，都須有「文」輔助，其結論是：

　　言辨國典，辭定皇居，然後知質者之不足，文者之有餘。

4　阮瑀、應瑒《文質論》，均據《藝文類聚》人部六所載引錄。

最後兩句話的真正意思應該是：人光憑其自身之「質」應世行事，其作用必有所不及之處，有「質」又有「文」，「文」與「質」相輔相成，所發揮的效應範圍必將遠勝於前。應瑒此論，沒有否定「文」「質」必須是統一的，但因批評阮瑀的重「質」輕「文」，於是對於「文」的作用有更多的強調，恰好與曹丕「文章經國之大業」相呼應，成了推動魏晉六朝進入「文學自覺時代」之先聲。儒家的「文質」理論應用於廣義的「人文」領域，到此也基本止步，今後，其理論形態的演化，將主要在言語辭令之域。

第三節　道、儒「文質」觀之差異與《淮南子》的糅合

淮南王劉安主持門客所編《淮南子》（本名《淮南鴻烈》）中的「文質」觀，與前述數家相比，較有獨特之處，因為這部著作是以道家思想為本，同時也吸收了不少儒家思想，這樣，在闡述「文質」觀念與「文」「質」統一等問題時，經常表現出道、儒思想的糅合。在介紹《淮南子》的「文」「質」統一觀之前，有必要分析一下道、儒兩家「文質」觀念的差異。

它們的差異集中表現為二：（一）對於「質」的理解與界定；（二）真、善、美是絕對統一還是可以相對存在。

我們在前章關於「質」的審美觀一節中已經談到，道家對一切事的審美意向都集中於「質」，而一切事物的最高本質是「道」。老子對於「道」的內涵沒有作出非常具體的界定，只說是「窈兮冥兮，其中有精，其精甚真，其中有信」。「道」作為宇宙本體，它既超越一切具體事物（萬有）之上，又在一切具體事物之中，人們不能用感官直接把握它，但卻能以超感覺、超思維的方式與之契合，而達到「玄同」。

因而，無法對它作出倫理道德的評價。儒家也講「道」，但他們重點不在天道，而是以天道為「則」的人道，對於人道有具體的界定，那就是仁、義、忠、信，如果說儒家也強調以「道」為「質」，那就是仁、義、忠、信為「質」。道、儒二家在「文質」觀念上的第一個差異，或者說矛盾，就形成了。老子首先揭露這一矛盾：「大道廢，有仁義」（《老子》〈十八章〉），「失道而後德，失德而後仁，失仁而後義，失義而後禮」（《老子》〈三十八章〉）。他對儒家的「質」作了根本的否定。

　　道家對於「質」的審美觀是真、善、美三者絕對統一，共處一體之中，「有物混成，先天地生」（《老子》〈二十五章〉），它不能分裂，莊子提出「至一」之說：「古之人，在混芒之中，與一世而得淡漠焉。當是時也，陰陽和靜，鬼神不擾，四時得節，萬物不傷，群生不夭，人雖有知，無所用之，此之謂至一。當是時也，莫之為而常自然。」（《莊子》〈繕性〉）在那種「混成」「至一」的狀態中怎能區分哪是真、哪是善、哪是美呢？如果可分，那就說明這種狀態遭到了破壞。「天下皆知美之為美，斯惡已；皆知善之為善，斯不善已。」（《老子》〈二章〉）儒家則認為「善」與「美」處在事物不同的層次，善在內而美在外，「善」與「美」可以是相對的存在而非絕對的統一。孔子評價歌頌舜的《韶》樂，說「盡美矣，又盡善也」，評價歌頌周武王的《武》樂卻說「盡美矣，未盡善也」（《論語》〈八佾〉）。為什麼對前者評價如此之高呢？因為在孔子聽來，《韶》是舜的仁義之聲；而《武》樂雖然表現了武王的「聲容」之盛，但有征討殺伐之音，於仁義有所歉焉，所以肯定中有所保留。這是道、儒二家「文質」觀念的另一差異。

　　以上兩種矛盾觀念，又在否定「文」還是需要「文」的激烈爭論中反映出來。如果說儒家「文」「質」統一觀以孔子「文質彬彬」為綱的話，道家否定「質」外之「文」則有老子的「大制無割」。儒家的教

化、修身之「文」最重要的形式是禮樂，道家則重點抨擊禮樂以揭露儒家之「文」的虛偽性。老子説：

> 夫禮者，忠信之薄而亂之首。前識者，道之華而愚之始。是以大丈夫處其厚，不居其薄；處其實，不居其華。故去彼取此。（《老子》〈三十八章〉）

「道」是厚，仁、義、忠、信是「薄」，以「華」飾其「薄」是愚蠢的，以禮樂飾仁義是大丈夫所不取的。順便説一句，《老子・八十一章》五千言，僅兩見「文」字，皆有否定之義（一見於《十九章》，謂「聖智」「仁義」「巧利」，「此三者以為文不足，故令有所屬：見素抱樸，少私寡欲，絕學無憂」。二見於《五十三章》，將「服文采，帶利劍，厭飲食，財貨有餘」視為「盜誇」，不是有「道」者所為），可見他對人工之文不屑正視的決絕之態。還説「五色令人目盲，五音令人耳聾⋯⋯」（《老子》〈十二章〉），可見他對所謂「形文」和「聲文」嫉惡之深。後來，莊子更説：「道德不廢，安取仁義！性情不離，安用禮樂！五色不亂，孰為文采！五聲不亂，孰應六律！夫殘樸以為器，工匠之罪也；毀道德以為仁義，聖人之過也！」（《莊子》〈馬蹄〉）他還對「文」的觀念發生及其作用的歷史原因進行了剖析和批判，在提出前引《莊子》〈繕性〉之「至一」説之後，他接著説：

> 逮德下衰，及燧人、伏義始為天下，是故順而不一。德又下衰，及神農、黃帝始為天下，是故安而不順。德又下衰，及唐虞始為天下，興治化之流，澆淳散樸，離道以善，險德以行，然後去性而從於心。心與心識知而不足以定天下，然後附之以文，益之以博。文滅

質，博溺心，然後民始惑亂，無以反其性情而復其初。

這些話不無偏激，但對於儒家用以幫助統治階級確立統治秩序的禮樂之文，無疑是一種深刻的揭露。

當我們站在比較客觀的立場上，思考一下道、儒二家頗有針鋒相對之勢的觀點，應該説他們各有是非。道家將審美視點集中於「質」，抓住了審美問題的核心，真、善、美原則上是應該共處一體，不可分割，「敦兮其若樸」是一種最高的審美態勢。但是，既然有「美」，它總是要表現於外才能讓人感受，「樸」，其實也是一種美感形態，即後人所謂「渾成」「渾厚」之美。任何事物有本質之美，以「真」「善」為其內蘊；也有形式之美，以色彩、聲音將內在之美表現於外。「五色不亂」的自然之色，「五音不亂」的自然之聲，不就是自然之美的表現形式，即是自然之文采嗎？只肯定事物內在之美而否定其外在的形式之美，斷定凡有耳目可感之美的「美言」皆不可信，而可信之言必定「不美」，實質上又是從主觀唯心的角度將真、善與美分割開來。反對強加於「質」的人工虛飾之「文」是對的，由此而提倡一切復歸原始，徹底否定人改造自然、改造社會（包括人自身）的能動作用，則又走上了極端。儒家看到了任何事物其本身有內有外，有內容有形式，其發展變化先後有序，這就是有「質」有「文」，先「質」而後「文」，最佳的審美態勢是「文質彬彬」。但是，儒家對「質」確有過分的人為的傾向，他們或者把人的倫理觀念——仁、義、忠、信，説成是天道賦予的最高本質（如孟子）；或者要以代表統治階級意志的倫理觀念去改造、重構人的自然本性——「化性起偽」（如荀子）。這實際上是以治人之道為「質」。禮樂之「文」依附於仁義之「質」，便是儒家「文質」之用的典型表現。在「文質彬彬」這一抽象的命題後面，在具體的教

化、修身之「文」中，美常常會處於善的附庸地位，甚至造成美的淪落。

出入儒、道之間的《淮南子》，它的作者們顯然注意到了道、儒二家的矛盾所在，他們要調和兩家之說，其理論指向是：關於「質」的審美意義，主要取道家之說；關於「文」的觀念則接受了儒家之說；對道家的唯「質」非「文」的極端主張，不以為然，但又強調文飾之美亦須出之自然，發於真情。

天地間一切事物的天然之美，即事物本身所具有的不待文飾之美，如「白玉不琢，美珠不文」，是至高之美。《淮南子》〈泰族訓〉中說：

> 天地所包，陰陽所嘔，雨露所濡，化生萬物。瑤碧玉珠，翡翠玳瑁，文采明朗，潤澤若濡。摩而不玩，久而不渝。奚仲不能旅，魯班不能造，此之謂大巧。

老子說「大巧若拙」，《淮南子》讚揚造物主「大巧」所造之物「文采明朗」，其自身之美已透射於外，這種事物的天生本質之美，是人所不能創造的。他還進一步說明，真正具有質美之物如「琬琰之玉」，即使是掉在污泥之中，雖是廉潔的人也要把它拾起來，因為它是「美之所在，雖污辱世不能賤」。那麼，具有如此美質之物需不需要再加以文飾呢？《淮南子》的作者們對此提出了一個根本的原則：「必有其質，乃為其文。」先有本質之美，再輔之以人為之美飾，那就美上加美。為了說明「文」對於「質」也具有或積極或消極的巨大作用，編者以「曼頰皓齒，形誇骨佳，不待脂粉芳澤而性可悅」的西施為例，首先從反面極而言之；如果讓她「銜腐鼠，蒙蝟皮，衣豹裘，帶死蛇，則布衣

韋帶之人過者，莫不左右睥睨而掩鼻」。雖有天下絕美之質，卻故意「文」以奇醜之飾，別人就會不敢接近並生厭惡之情。若施以美飾呢？——

　　嘗試使之施芳澤，正娥眉，設笄珥，衣阿錫，曳齊紈，粉白黛黑，佩玉環揄步，雜芝若，籠蒙目視，冶由笑，目流眺，口曾撓，奇牙出，靨輔搖，則雖王公大人有嚴志頡頏之行者，無不憚悇癢心而悅其色矣。（《淮南子》〈修務訓〉）

　　這種對比的描述是很有說服力的，「質」美而「文」惡，則「質」雖美而不彰，甚至轉化為醜；「質」美而輔之以美飾，就不僅使「質」美得以充分的顯示，而且倍增光輝。雖然這裡所說的文飾還不是美質自身的外在形式，而是人為的、外加的修飾，但強調「文」對「質」反作用，還是有一定的理論意義。

　　《淮南子》中還指出，人工之「文」有時可以脫離其相應的「質」而獨立存在。例如將禮樂定為一種固定的「文」，往往會有「文」而無「質」。其中特別對荀子所謂「撞大鐘，擊鳴鼓，吹笙竽，彈琴瑟，以塞其耳」幾句話進行直接的批評；當一個社會出現了「末世之政」——「居者無食，行者無糧，老者不養，死者不葬，贅妻鬻子，以給上求，猶弗能贍。愚夫蠢婦，皆有留連之心，悽愴之志。乃使始為之撞大鐘，擊鳴鼓，吹竽笙，彈琴瑟，失樂之本矣！」這種禮與樂，不過是掩飾君王失道，仁義淪喪，「和失然後聲調，禮淫然後容飾」（《淮南子》〈本經訓〉），實無其「質」，虛有其「文」！因此是毫無價值的，應當否定的。

　　在「必有其質」的前提之下，對於「乃為其文」，《淮南子》中有

不少論述已接觸到人在「為文」的創造過程中，審美心理如何正常發揮的問題，《說山訓》中有云：

> 求美則不得美，不求美則美矣；求醜則不得醜，求不醜則有醜矣。不求美又不求醜，則無美無醜矣，是謂玄同。

文飾之美固然是人工之美，但又不能刻意去追求，文飾之美掩蓋甚至歪曲了審美物件的本質之美，如此「求美」反使真、善之美盡失，這是「飾其外者傷其內，執其情者害其神，見其文者蔽其質」，適得其反，「求不醜則有醜矣」。人在審美創造活動中，最好不要把美的追求看成一個外在於人的功利目的，而要進入一種「無為而無不為」的精神境界，滌淨求美遮醜的先入之見，使自己的創造能力處於自由發揮的狀態，「不為物先倡，事來而制，物至而應」，順其自然而水到渠成。在審美心理活動中，刻意以「文」飾「質」不好，拘於「質」而為「文」也不好，「無須臾忘為質者，必困於性；百步之中，不忘其容者，必累於形」。困於前者，「以情滅文，則失文」；累於後者，「以文滅情，則失情」（見《詮言訓》《繆稱訓》）。總之，只有在創造精神進入高度自由的境界，才能創造出看去非人工所為而具自然天成之美的傑作。

《淮南子》雜糅道、儒二家之說而又有所發展的「文質」觀，有時還強拼硬湊自相矛盾；但是，它在對「質」與「文」審美認識不斷開展、不斷深化的勢頭下，提出了一個與此密切相關的「神制而形從」之新說，為藝術（音樂、舞蹈與繪畫等）創造領域率先做出了理論的貢獻，這一點筆者將在下編《藝與道》中論之。

第三章

中國文學的奠基理論

　　「文質」説的提出者，就其最初的動機來説，是從個人修身而推及社會人事，由言語辭令而擴至禮、樂等服務於社會的文化事業。在政化、事蹟、修身三種「文」中，修身之「文」只是為適應前二者的需要，而修身之「文」中的言語辭令之「文」，常與衣冠之「文」飾並列，並且更為注重在君臣交談、外交典禮等場合中口頭語言的如何表達。直到用文字符號將言語辭令記錄到簡、帛之上，才又有對書面語言的文飾要求，「書不盡言，言不盡意，聖人立象以盡意」，便是對書面的言語辭令之「文」開始自覺的表現。

　　從口頭的言語辭令之「文」到書面的言語辭令之「文」，由此而開始有了中國最早的「文學」；因言語辭令以不同的組合方式表現不同的文采，於是又有了中國文學中最早的一批文體：詩、文、辭、賦。從「《詩》三百」出現的時代至賦體文學崛起的兩漢，各種文體尚無發達的創作理論，詩人文士們在創作實踐中所遵循的最基本的創作原則，

仍然是「文質彬彬」，個人心志如何表現，言語辭令如何調遣，都涉及
「文」「質」關係如何處理的問題。與在此以前的「文質」說不同的是，
作家談及自己創作實踐中某些體悟時，理論家在對一些書面文學作品
的評論時，關於「文」與「質」的審美意識更為自覺、更為強烈，不
斷有新的內容輸入進去又發揮出來，因而又演繹、派生出一些新的文
學觀念。回顧中國文學理論的發展過程，「文」與「質」，應該說是屬
於奠基的理論。

　　本章將就原屬哲學領域的「文質」觀念，如何轉移到文學領域，
及其發展演化情況，略作考察。

第一節　文‧文章‧文學

　　受「天文」之啟迪而有「人文」，仿自然之文而有人工所飾之文，
由「文」而又有「文章」觀念出現。

　　「文章」一詞，《論語》中已多處見之，孔子稱堯：「煥乎，其有
文章」；子貢稱孔子：「夫子文章，可得而聞也」。但這些「文章」，都
不是指文字組成的作品（學術文章），而是謂其「則天」（「惟天為大，
惟堯則之」）之「人文」。大約出現於春秋末季的齊國官書《考工記》，
其論「畫繢之事」時，從色彩美的角度，談到「文章」的來由：

　　畫繢之事，雜五色；東方謂之青，南方謂之赤，西方謂之白，北
方謂之黑。天謂之玄，地謂之黃。青與白相次也，赤與黑相次也，玄
與黃相次也。青與赤謂之文，赤與白謂之章，白與黑謂之黼，黑與青
謂之黻，五采備謂之繡。……雜四時五色之位以章之，謂之巧。凡畫
繢事後素功。

青、赤、白、黑依次「相雜」便是文、章、黼、黻。「章」有多義，赤白相雜謂「章」，實與「文」同義；引申義是「文采」之顯現，與「彰」同義，《中庸》中說天地之道「不見而章」(〈第二十六章〉)、君子之道「暗然而日章」，都是顯現昭彰之意。由於「物相雜」才有「文」，「不成章則不達」，於是「章」又有文采組合結構而後呈現之義[1]，「雜四時五色之位以章之」，兼有五采顯現與組合兩重意思。《詩》〈小雅〉〈都人士〉有「出言有章」句，此「章」即言有條理之意。最早使用「文章」一詞，除《論語》外，屈原《九章》〈橘頌〉有「青黃雜糅，文章爛兮」，《荀子》〈非十二子〉有「斂然聖王之文章具焉」。前者指自然現象，後者指典章制度，還未涉及言語辭令之文章。稱書面文辭而為「文章」，直到漢代才流行開來，劉熙《釋名》〈釋義〉篇云：

文者，會集眾采以成錦繡，會集眾字以成辭義，如文繡然也。

按其來由，「文章」是作用於人的視覺，引起美感的形式概念，漢人以文字語言為「眾采」，於是大凡「辭章之學」都進入了「文章」範疇。《史記》〈儒林傳〉記公孫弘語曰：「臣謹按詔書律令下者……文章爾雅，訓辭深厚。」《漢書》中則直稱文人所作各種文字作品為「文章」，如說「文章則司馬遷、相如」「劉向、王褒以文章顯」等等，所以諸人之文章包括史傳之文、賦與議論之文（包括詔策律令）。班固在《兩都賦序》中，對漢代之文章作了高度的概括與評價：

1　章炳麟云：「以作樂有闋，施之筆札，謂之章」，「章，樂竟為一章」即文之條理，篇章之意，「文」義來自禮，「章」義來自樂，「文章者，禮樂之殊稱也。其後轉移，施於篇什。」見《國故論衡》〈文學總略〉。

或以抒下情而通諷諭，或以宣上德而盡忠孝，雍容揄揚，著於後嗣，抑亦雅頌之亞也。故孝成之世，論而錄之，蓋奏禦者千有餘篇，而後大漢之文章，炳焉與三代同風。

這段話，不僅對「文章」的內容與作用有概括性表述（後來曹丕發揮為「蓋文章，經國之大業，不朽之盛事」），還特別指出「文章」（包括賦）已成為與「詩」並立的兩種文體。

以書面的言語辭令之「會集」而「如文繡然」者為「文章」，傳統的「文」的觀念實現了重點的轉移，禮樂為「文」、衣飾之「文」等觀念就逐漸淡化了。對於「文」的審美意向便重點指向言語辭令。劉勰說：「聖賢書辭，總稱文章，非采而何！」（《文心雕龍》〈情采〉）「采」即指「書辭」的文采，就是說，文章要講究語言的藝術性，追求語言之美。文學的藝術就是語言的藝術，文學理論中這一最基本的要素，已包含在「文章」這個概念之中了。

「文學」一詞首見於《論語》：「文學，子游子夏。」孔子以「文學」與「德行」「言語」「政事」並列，指的是研究「人文」之學，具體來說，主要是研究歷史文獻。又說「君子博學於文」「行有餘力，則以學文」。「文」，在孔子心目中，有時是一種行為，但從根柢上說，是一門學問。荀子對此有明確的解釋：

人之於文學也，猶玉之琢磨也。詩曰：「如切如磋，如琢如磨」，謂學問也。和之璧，井裡之厥也，玉人琢之為天下寶。（《荀子》〈大略〉）

在這門學問中，當然也包括「文章」之學[2]，如何使自身「文」彰而顯，荀子也談道：「凡人莫不好言其所善，而君子為甚。故贈人以言，重於金石珠玉；觀人以言，美於黼黻文章；聽人以言，樂於鐘鼓琴瑟。」（《荀子》〈非相〉）概而言之，「文章」「博學」，合而為最初的「文學」之概念。當時，最反對「刻鏤文采」的墨子，也提及「文學」：

凡出言談，由文學之為道也，則不可而不先立義法。若言而無義，譬猶立朝夕於員鈞之上也，則雖有巧工，必不能得正焉。（《墨子》〈非命中〉）

將「言談」與「文學」聯繫起來，從「文學」中得「義法」，這個「義法」亦指文獻掌故之類的東西，與人言談，必須有文獻掌故作為依據，要引經據典，這樣就能言而有義，顯示自己有學問。

到了漢代，「文學」這一概念內涵發生了一些變化，因為漢人把具有文采的「書辭」稱為「文章」，「文章」便有了專指意義，其外延較堯之「文章」、夫子之「文章」大大收縮了，於是，便將「文章」從「文學」中分離出來，而將「博學」獨據「文學」之義。此時的「文學」包括了哪些學問呢？《史記》〈儒林傳〉中所反映的，一是「經學」即儒學。漢武帝即位，「趙綰王臧之屬明儒學，而上亦鄉之，於是招方正賢良文學之士」。又「延文學儒者數百人，而公孫弘以《春秋》，白衣為天子三公」。儒家有「六藝」（漢代指「六經」）「能通一藝以上，補

2　章炳麟《國故論衡》〈文學總略〉云：「文學者，以有文字著於竹帛，故謂之文；論其法式，謂之文學。」可參。

文學掌故缺」；「治禮，次治掌故，以文學禮義為官」。二是有關歷史、政治、軍事等專門學問，如「蕭何次律令，韓信申軍法，張蒼為章程，叔孫通定禮儀」，都使新興的漢朝「文學彬彬稍進」。總之，當時所謂「文學」，狹義的是指儒術，指經學，廣義的則是指一切學術。朝廷還有「舉賢良文學」的選拔人才的制度，以傳聖人之德為職志，能通一經者，都可以「文學」為官。

此種「文學」的意義，是儒家之所謂的實用功利觀的集中表現和歸宿，以「禮樂」為核心之「文」與以辭章為核心之「文」，從此開始明確分途。以儒術、經學為內容的「文學」，終因它不具備美感之文，這一概念不為後來的文學家所承認，南梁蕭統的《文選序》中就將「姬公之籍」「孔父之書」等儒家經典，以至「老、莊之作，管、孟之流」，都因其「蓋以立意為宗，不以能文為本」，通通略諸《文選》之外。魏晉以後，人們心目中的「文學」，大都專指「辭章之學」，是以「辭采」為標誌的詩、賦文章。如果說兩種文學觀念都派生於儒家「文質」說的話，前一種「文學」重在其「質」，「文」的審美價值逐漸消失；後一種「文學」重在其「文」，「質」的觀念逐漸變化。

第二節　詩、騷、賦之「文」「質」關係

從先秦至兩漢，真正以「能文為本」、屬於美感文學的只有三種文體：詩、騷、賦。經孔子刪過的「《詩》三百」，到漢代被尊為「經」，自然歸於「儒學」，即當時正統觀念的「文學」。它被作為一門學問由朝廷專置的學官向學子們傳授，又被視為神聖的歷史文獻或掌故的來源，為經學家們經常引用，《詩經》之「詩」實際上已成了一種過時的文體，隨之，漢代有了自己的樂府詩。班固《漢書》〈藝文志〉中，將

那些「代、趙之謳，秦、楚之風」與辭、賦並列。騷與賦，班固將它
們視為一種文體，說：「春秋之後，周道浸壞，聘問歌詠，不行於列
國，學詩之士，逸在布衣，而賢人失志之賦作矣。大儒孫卿及楚臣屈
原，離讒憂國，皆作賦以風，鹹有惻隱古詩之義。」這就是所謂「賦自
詩出」。其實，以屈原的《離騷》為代表的楚國文人的作品，實屬一種
新的詩歌文體，以抒情為主要特徵，所以，後來人們將產生於南方的
這種文體，或稱「騷」體（「騷人」即「詩人」之謂），繼而將屈原及
其宋玉、唐勒、景差諸人之作，統稱為「楚辭」。孫卿（荀況）所作之
「賦」，則是另一種文體（參見《荀子》〈賦〉）。漢代之賦，是在一個
新的時代裡，作為一種具有代表性的新文體而出現的，應該說，荀子
之賦、屈子之「騷」，以及戰國時縱橫家們的說辭，都可視為漢賦之
源，如後來章學誠所說：「賦家者流，猶有諸子之遺意，居然自命一家
之言者，其中又各有宗旨焉。」（《文史通義》〈詩教下〉）漢賦在形式
方面，與荀賦、楚辭有相似之處，在表現手法方面也與「詩之六義」
中之第二義「賦」有脈相通，但又都有所發展，有新的創造。劉勰很
公正地指出：詩之「賦」，「結言捃韻，詞自己作，雖合賦體，明而未
融。及靈均唱騷，始廣聲貌」，作為「盛漢」的新體之賦，是「受命於
詩人，拓宇於楚辭也」（《文心雕龍》〈詮賦〉）。

　　三種文體，既然作為關係密切的三種美感文學的基本樣式，在對
「文」「質」關係的處理方面，自然有很多共同之處。對於這方面理論
上的探討與總結，漢代以前是零散而不完備的，漢代的經學家、辭賦
作家、詩人們開始了這方面的工作。因而我們要注意這樣的事實：漢
代，是中國文學史上「文學的不自覺」，開始向「文學的自覺」轉化、
過渡的一個特殊時代。三種文體「文」「質」關係的處理，都面臨對歷
史的經驗是亦步亦趨的遵奉，還是敢於實現大膽突破的重大抉擇，在

現實的創作實踐與理論探求中能否擺脫傳統的「文」「質」關係的糾纏而建構嶄新的文學觀念體系，也在考驗著文學家們的創新精神與能力。從總體來說，他們之中的優秀者，在當時的歷史條件下，進行一系列新的探索，因而對中國文學進入自覺的時代起到了重大的推動作用。且讓我們從三種文體分別進行考察。

一、詩

「《詩》三百」是中國古代的第一部詩歌總集。其中屬於個人創作的寥寥無幾，多數是周王朝所設的專職人員搜集、加工而成的作品。而推動人們去編定「《詩》三百」的歷史動機，也不是純粹的審美需要，而是政治、教化、實用的功利性目的。據史書記載，孔子對「《詩》三百」的最後編定起過重要作用。但是，孔子對於這種「詩」的「文」「質」關係並沒有明確的界定，只是說：「《詩》三百，一言以蔽之，曰：『思無邪。』」大概就是他對於「詩」的內容即「質」的肯定。當時所說的「詩言志」（《尚書》）、「詩以言志」（《左傳》）、「詩以道志」（《莊子》）、「詩言是，其志也」（《荀子》）等語，都是指「《詩》三百」而言，是對其「質」的界定，由此又可作兩種解釋：一是「《詩》三百」的作者們留下的此類言辭，是在各種場合中言自己或言群體之「志」的記錄[3]。二是經孔子刪定整理之後，誦「詩」者以前人「詩」中所表現出來的「志」，類比、暗示自己的心情和願望，以引起聽者的聯想而知他的情志。《左傳》《孟子》《荀子》中有不少引「詩」之例，皆是引而「道志」。朱自清先生在《詩言志辨》這一專著中，對於「詩」在當時不同場合下的作用分為四種：一是「獻詩陳志」，二是

3　有一個事實值得注意：現存《詩經》三〇五篇中，沒有出現過一個「志」字，只頻頻出現「心」字（多達一六八次），可見「志」，是讀詩者外加的。

「賦詩言志」，三是「教詩明志」，四是「作詩言志」。前三種都是根據實際情況選擇「《詩》三百」的有關篇章或斷章取義而作應答，只有後一種是即興創作，「言一己之窮通出處」。朱自清先生指出：「戰國以來，個人自作而稱為詩的，最早是《荀子》〈賦〉中的《佹詩》，首云：『天下不治，請陳佹詩。』」在理論上確定詩可「自作」，並把「詩」當作一種文體，從而闡釋在「自作」即個人創作時，如何認識和處理這種特定文體的「文」「質」關係，就是相傳為後漢衛宏所作的《毛詩序》。

　　《毛詩序》以「《詩》三百」為本，儒家詩教為綱，比較全面地闡述了詩的的性質、體裁、表現手法以及詩的功用等一系列問題，它將對於《關雎》等作品的評論，不自覺地昇華出了關於詩的文體理論。我們知道，孔子說「詩可以興，可以觀，可以群，可以怨」，是從用《詩》角度說的，不是講「自作」詩的創作方法，而《毛詩序》說：「詩者，志之所之也，在心為志，發言為詩。情動於中而形於言，言之不足故嗟歎之，嗟歎之不足故永歌之，永歌之不足，不知手之舞之，足之蹈之也。」很明顯，這段話是就三百篇被稱之為「詩」的歷史文獻的產生，及其特有的性質，進行抽象、概括，昇華出作為一種獨立文體的定義，它可以解釋已經在歷史上存在的「詩」，也可以指導人們「嗟歎」「永歌」而產生出類似「詩」那樣的新作品來！

　　這就是說，《毛詩序》的作者，通過從特殊到一般的邏輯推導，確立了詩歌作為一種文體的觀念；「詩」，作為一種歷史文獻的時代結束了，作為文學創作的一種樣式、一種體裁的詩，在中國詩歌發展史上的漫長歷程開始了。

　　《毛詩序》通過對「《詩》三百」所具備的特徵而作的剖析和歸納，進一步論述了詩的「文」「質」關係。「詩」的「質」，先秦諸子

都認為是「志」，直到董仲舒還在說「詩道志，故長於質」，還沒有誰直接提到「情」，只是孔子說「詩可以興」「可以怨」，意識到了「《詩》三百」所蘊含的情感因素與對讀詩者的感染作用。《毛詩序》謂「在心為志，發言為詩。情動於中而形於言」，第一次將「情」與「志」相提並舉，雖然還不能確定「情」也屬於「質」的範疇，但至少是「質」與「文」的仲介：「情發於聲，聲成文，謂之音。」但是，他對「情」作了極為嚴格的規範：「明乎得失之跡，傷人倫之廢，哀刑政之苛，吟詠情性，以風其上，達於事變而懷其舊俗者也。」作詩者之「情」都必須是有關國家政治、社會生活、道德倫理的內容，由此，對「情」這一仲介性的「質」，作了原則的規定：「發乎情，止乎禮義。發乎情，民之性也；止乎禮義，先王之澤也。」當作出這些規定時，《毛詩序》發明了一個「變風」「變雅」的新提法，原來「吟詠情性」「發乎情」，還不是「王者之風」，「正始之道」，不是正宗風雅，而是正宗風雅的變體，是時世由盛變衰，政教綱紀大壞，而後產生新的「詩」之質變。變既不可止，但也不能越出「禮義」的範疇，吟詠的應是合乎「禮義」的情性。這樣，《毛詩序》還是將「發乎情」作為「言志」的附庸，在理論上對於詩的抒情特徵的認識，還有一段彼時難以逾越的距離。

　　《毛詩序》對於詩之「文」，也提出了一個原則，那就是「主文而譎諫」，即用富有文采的言語辭令，將所要表達的內容曲折委婉地表達出來，不直言，即使對上有所刺，亦須以微言諫諍。詩之「六義」：「一曰風，二曰賦，三曰比，四曰興，五曰雅，六曰頌。」如果根據《詩經》實際情況，用比較科學的方法加以分類，「風」「雅」「頌」實際上是指三種作用不同的詩體，「賦」「比」「興」是指三種詩體共同的表現手法，進而言之，三種詩體各有「質」的規定：「是以一國之事，系一人之本，謂之風；言天下之事，形四方之風，謂之雅；雅者，正

也，言王政之所由廢興也。政有小大，故有小雅焉，有大雅焉。頌者，美盛德之形容，以其成功告於神明者也。」「賦」「比」「興」實際是「主文而譎諫」的具體作法。對它們的解釋，不見於先秦諸子的論著（《周禮‧大師》有「大師……教六詩：曰風，曰賦，曰比，曰興，曰雅，曰頌」之語，但未作任何説明），較詳細的釋義大概起於漢初的經學家。正是經學大師們分析「《詩》三百」文采形成的三個有關言語辭令之美的新概念，按鄭眾的解釋：「比者，比方於物也，興者，托事於物也。」運用「比」「興」就是避免「直言」，以「微言」而喻大義。另一位經學大師鄭玄講得更全面、更明確：「賦之言鋪，直鋪陳今之政教善惡；比，見今之失，不敢斥言，取比類以言之；興，見今之美，嫌於媚諛，取善事以喻勸之。」[4]「賦」倒還有「直言」之意，「比」和「興」，則重在修辭手法和表現的藝術了。

從《毛詩序》開始，作為詩這一獨立文學樣式的「文」「質」關係，及其如何在創作過程中體現，基本原則就這樣確定下來了。儒家的「詩教」，從《詩經》之教轉化為作詩之教，中國古代詩歌理論奠基於此，此後，凡屬儒家思想體系的作詩者，皆奉此為創作之宗旨，再在此基礎上有所發揮，有所創新。

二、騷

以《離騷》為代表的《楚辭》，其中《離騷》《九歌》《九章》在文體特徵方面應視為詩歌之文體，它們不但與宋玉、唐勒等人所作之「賦」有別，與可能是屈原自作之《卜居》《漁父》亦有不同，後者應定為述事抒情之散文。因此，「騷」是戰國時期南方楚國出現的、與北方流傳的「《詩》三百」性質有同有異的另一種詩歌文體，漢人已將

4　鄭眾、鄭玄語均見阮元刻《十三經注疏》本，《周禮注疏》卷二十三。

「詩」「騷」並稱，「詩」「騷」是中國詩歌長河兩大源頭。

「詩」「騷」相同之處，是都具備了一定的語言表達形式，「詩」以四言為主，「騷」體詩以六言、七言（六言加「兮」）為主，這是明顯區別於諸子散文的特徵。相異之處，「詩」被認為偏重於的「言志」，「騷」偏重於自覺的「抒情」。「騷」的「文」「質」關係在屈原關於「抒情」的創作活動中體現出來。

司馬遷在《史記》〈屈原列傳〉寫道：

> 屈原疾王聽之不聰也，讒諂之蔽明也，邪曲之害公也，方正之不容也，故憂愁幽思而作《離騷》。離騷者，猶離憂也。夫天者，人之始也；父母者，人之本也。人窮則反本，故勞苦倦極，未嘗不呼天也；疾痛慘怛，未嘗不呼父母也。屈平正道直行，竭忠盡智，以事其君，讒人間之，可謂窮矣；信而見疑，忠而被謗，能無怨乎？屈平之作《離騷》，蓋自怨生也。

這段話，非常透闢地道出了《離騷》的抒情特徵。為什麼會有如此鮮明的抒情風格的作品出現？在理論上倒可以借《毛詩序》關於「變風」「變雅」的理論來說明。屈原所處的楚懷王時代，出現了「王道衰，禮義廢，政教失，國異政，家殊俗」的危機，所以屈原之偏重於「吟詠情性」，是時代、社會具體環境使然，「悲憤出詩人」，國亡家破的痛苦遭遇，使他不得不「發乎情」。從屈原的《離騷》與《九章》中，我們可以看到，他對於通過文字作品「抒情」是非常自覺的，甚至可說，「抒情」就是他創作的動機與目的：

> 懷朕情而不發兮，余焉能忍而與此終古？（《離騷》）

結微情以陳詞兮，矯以遺夫美人。（《抽思》）

惜誦以致湣兮，發憤以抒情。（《惜誦》）

申旦以舒中情兮，志沈菀而莫達。（《思美人》）

中國古代詩歌理論中「抒情」這一術語，發明權應屬屈原，「發憤以抒情」，造就了中國一代又一代的優秀詩人。

既然自己口中所吟，筆下所作，都是以抒發主觀的情感為目的，屈原也就自有作為一個真正的抒情詩人獨特的美學觀。不遵循「言志」的準則，對「文」「質」關係有他自己的認識和規定，首先，他將「情」與「質」融合起來：

恐情質之不信兮，故重著以自明。（《惜誦》）

懷質抱情，獨無匹兮。（《懷沙》）

情與質信可保兮，羌蔽居而聞章。（《思美人》）

「情」孕育於心並從心中流露出來，而「質」就是「情」中所蘊含的內容，即情的本質。屈原對情之「質」亦有他的審美標準，情美首先必須有「質」的美，這就是「內美」。《離騷》中寫道：

紛吾既有此內美兮，又重之以修能。

他又表白自己，雖然在小人當道、邪正不分的朝廷裡從事政治活動多年，但是——

芳與澤其雜糅兮，惟昭質其猶未虧。

這就是《漁父》中所說的「舉世皆濁我獨清，眾人皆醉我獨醒」，處境再壞，自己清白的本質也無任何虧損。在《懷沙》篇中又說：

內厚質正兮，大人所盛。巧倕不斲兮，孰察其撥正？

有如此美好的內質，屈原不像老子那樣摒棄外在的美的形式，他喜歡盡情地文飾自己具有優美內質的形體：「制芰荷以為衣兮，集芙蓉以為裳。不吾知其亦已兮，苟余情其信芳。」（《離騷》）他認為只要本質之美在，「萬變其情豈可蓋兮，孰虛偽之可長！」（《悲回風》）他明確地表述質美必須有文美的即「質」「文」一致的審美觀：

芳與澤其雜糅兮，羌芳華自中出；紛鬱鬱其遠承兮，滿內而外揚。（《思美人》）

青黃雜糅，文章爛兮；精色內白，類可任兮；紛縕宜修、姱而不醜兮。（《橘頌》）

「質」「文」俱佳的作品，就是「滿內而外揚」。可是屈原生不逢時，他沒有遇到「巧倕」，「巧倕不斲兮，孰察其撥正？」因此，不得不發出這樣的哀歎：

文質疏內兮，眾不知余之異彩。材樸委積兮，莫知余之所有。（《懷沙》）

八百餘年之後，劉勰引用屈原此語之後歎曰：「見異惟知音耳！」

屈原的作品傳至漢代，首先受到了漢武帝劉徹、淮南王劉安和司馬遷的喜愛與讚揚，劉安曾作《離騷傳》，今佚。據班固《離騷序》所引：

《國風》好色而不淫，《小雅》怨悱而不亂，若《離騷》者，可謂兼之。蟬蛻濁穢之中，浮游塵埃之外，皭然泥而不滓。推此志，雖與日月爭光可也。

司馬遷在《屈原列傳》中將此讚語完全引載，並插入如下一段話：

其文約，其辭微，其志潔，其行廉，其稱文小而其指極大，舉類邇而見義遠。其志潔，故其稱物芳；其行廉，故死而不容自疏。

這些評語都是讚揚屈原之作是質文俱美的。先秦以來，文人自作的美感文學作品，第一個獲得如此高度的評價。

這個評價到後漢時受到了歷史學家和文學家班固的非議。班固在《漢書》〈藝文志〉中尚未貶損《楚辭》，但將它與「言志」之詩劃開，稱之為「賢人失志」之作，僅僅是「咸有惻隱古詩之義」。在《離騷序》中，作為一個正統儒家的面孔就嚴厲起來，他批評屈原沒有儒家君子那樣修養，甘認「君子道窮，命矣」，不應該發牢騷，更不應該發出反抗喊之聲，應該是「潛龍不見是而無悶，《關雎》哀周道而不傷，蘧瑗

持可懷之智，甯武保如愚之性，咸以全命避害，不受世患」。由此，他責怪屈原不知道「既明且哲，以保其身」的《大雅》之訓。班固批評的指向，其實就是針對屈原作品的「情質」，他不承認《離騷》也有「言志」的因素，誣其情是「失志」之後的「怨惡」之情，不符合「變風」「變雅」論中「發乎情」的要求，沒有「止乎禮義」！在他看來，屈原「責數懷王，怨惡椒蘭，愁神苦思，強非其人，忿懟不容」，其情有失「溫柔敦厚」之旨，由此，《離騷》由情而引發各種瑰麗的想像，都是「虛無之語，皆非法度之政，經義所載」。雖然他對《離騷》之文采也說出了幾句嘉許的話，道是「其文弘博麗雅，為辭賦宗……」，但對屈原這位中國詩史上第一位偉大的抒情詩人，最後以「露才揚己」「非明智之器」，從總體上否定了。

　　屈原在自己創作實踐中，對於詩歌這一文體「文」「質」關係的新見解，實際上是對儒家詩學的補充、修正，是中國古代詩論不可少的奠基之石。這一點，東漢另一位文學家王逸看到了，他大力為屈原的「情質」辯護，在《楚辭章句序》《離騷經序》兩文中，首先肯定屈原的創作動機：「履忠被譖，憂悲愁思，獨依詩人之義而作《離騷》，上以諷諫，下以自慰」，這是不失「吟詠情性，以風其上，達於事變而懷其舊俗」（《毛詩序》）的作詩宗旨。接著，他辯所謂「失志」，認為真正的「失志」，是「懷道以迷國，佯愚而不言，顛則不能扶，危則不能安，婉娩以順上，逡巡以避患，雖保黃耇，終壽百年，蓋志士之所恥，愚夫之所賤也」（《楚辭章句序》）。從而，對屈原的「懷質抱情」「內厚質正」作了高度的評價：

　　今若屈原，膺忠貞之質，體清潔之性，直若砥矢，言若丹青，進不隱其謀，退不顧其命，此誠絕世之行，俊彥之英也。（《楚辭章句

序〉）

　　這是對詩人而言。對其作品則説：「夫《離騷》之文，依託五經以立義焉！」為了爭得《離騷》「兼詩風雅」的地位，他煞費苦心地將「帝高陽之苗裔」「紉秋蘭以為佩」「夕攬洲之宿莽」等語與《詩經》《周易》《尚書》《禹貢》之中某言某語比附，力證其「依詩取興，引類譬喻」「其詞溫而雅，其義皎而朗」，進而作出與劉安、司馬遷相呼應的論評：

　　故智彌盛者其言博，才益多者其識遠。屈原之詞，誠博遠矣。自終沒以來，名儒博達之士，著造詞賦，莫不擬則其儀錶，祖式其模範，取其要妙，竊其華藻。所謂金相玉質，百世無匹，名垂罔極，永不刊滅者矣。（《楚辭章句序〉）

　　「金相玉質」！這就是王逸對屈原作品「懷質抱情」的內美與「文章爛兮」的外美，即「文」「質」並茂作出了最好的概括，後來得到了劉勰的確認與發揮（見《文心雕龍》〈辨騷〉），也成為評價美感的、抒情的文學，「文」「質」俱入化境時，最佳的表述詞。
　　屈原及其作品的地位被肯定，也就是詩歌抒情特質的被肯定，在理論上打破了「詩言志」的一統天下。「情質」説給「志質」説輸入了新鮮血液，使人們對詩之「質」有了新的認識。魏晉時有「詩賦欲麗」，「詩緣情而綺靡」等新説出現，正是源此而來。
　　三、賦
　　賦，作為一種文體，也有它漫長的形成過程，清代學者章學誠説：「古之賦家者流，原本詩騷，出入戰國諸子。假設問對，《莊》《列》寓言之遺也。恢廓聲勢，蘇、張縱橫之體也。排比諧隱，韓非《儲説》

之屬也。征才聚事，《呂覽》類輯之義也。」（《章氏叢書》〈校讎通議〉卷三）他幾乎將諸子之文中具有美感文學特徵的部分都集合起來了，這樣可說賦是詩、賦與諸子散文的一個融合體。「賦」之名，首先出自《荀子》，專有《賦》之一章，內有五段短文，每段描寫一件事物，採取問答的方式，段末才點出這件事物的名稱（禮、知、雲、蠶、針），全章之末則是「天下不治，請陳佹詩」——一首四言詩，外加一首「反辭」——《小歌》。這篇《賦》敍事、詠物、議論、抒情皆備，較之《荀子》中的其他論理性文章，有了一定的審美價值。

完全作為美感文學一種文體的賦，在兩漢之前，應該說已經出現了，那就是《楚辭》中宋玉之賦。清朝另一位學者程廷祚說：「荀卿《禮》《知》二篇，純用隱語，雖始構賦名，君子略之。宋玉以瑰偉之才，崛起騷人之後，奮其雄誇，乃與雅、頌抗衡，而分裂其土壤，由是詞人之賦興焉。……觀其《高唐》《神女》《風賦》等作，可謂窮造化之精神，盡萬類之變態，瑰麗窈冥無可端倪，其賦家之聖乎？」（《青溪集》〈騷賦論〉）這一點，似乎著《漢書》的班固早已作如是觀，他將宋玉、唐勒與漢興之後的枚乘、司馬相如、揚子雲並提，說他們「競為侈麗閎衍之詞」（《漢書》〈藝文志〉）。

漢代之賦，是在詩、騷之後發育完善的一種新的文體，它的創作方法，實從「詩有六義，其二曰賦」而來，這就是：「賦者，鋪也，鋪采摛文，體物寫志也。」（《文心雕龍》〈詮賦〉）漢賦作家開始有了創造美感文學的自覺意識。當然對待這種美感文學新文體，在統治階級一面來說，如同對待詩一樣，要求有著功利的效應，「或以抒下情而通諷諭，或以宣上德而盡忠孝，雍容揄揚，著於後嗣」（班固《兩都賦序》）。可是這種文體有它內在的規律，有它獨特的「文」「質」關係，當作家一心進行美的創造時，他就有意地「競為侈麗閎衍之詞」，而無

意地「沒其諷諭之義」。司馬相如是漢賦大家，他的賦傳入宮廷，曾使漢武帝歎息不與此人同時（實為同時）。關於賦的創作，司馬相如沒有留下理論文字，相傳成書於西晉葛洪之手的《西京雜記》卷二，有司馬相如答友人問盛覽作賦方法，云：

> 合綦組以成文，列錦繡而為質，一經一緯，一言一商，此賦之跡也。賦家之心，苞括宇宙，總攬人物，斯乃得之於內，不可得而傳。

他毫不掩飾賦的美感特質，賦的「質」與「文」，就像經緯合織而成錦繡，僅作為一種或好或次的質料而不求其他特定的意義，「賦之跡」就是以「文」成「質」或以「質」生「文」，其美的內容和美的形式，在賦作出之前，已融匯於賦家之心，不存在先「質」後「文」或「文」以飾「質」之類的苦心經營。他創作《上林賦》《子虛賦》時的狀態是：「意思蕭散不復與外事相關，控引天地，錯綜古今，忽然而睡，煥然而興，幾百日後成。」這是一種「不可得而傳」的創作才能。《西京雜記》還有如下記載：「司馬長卿賦，時人皆稱典而麗，雖詩人之作不能加也。揚子雲曰：『長卿賦不似從人間來，其神化所至邪！』」（《西京雜記》卷三）

司馬相如之賦，論其藝術成就，在漢賦中是有代表性的；如果《西京雜記》所言屬實的話，司馬相如也算得上是中國第一位有意識地在創作實踐中追求藝術美的作家，沈約說「相如巧為形似之言」（《謝靈運傳論》）。中國古代文學創作中，有意識地進行摹擬、描繪和刻畫客觀事物的形象，可能就是從漢賦開始。這與《詩經》中運用「賦」的手法寫物有自覺和不自覺之別。賦把「體物」作為目的，不再作為一種象徵性表現手段，所以其審美要求就是「賦體物而瀏亮」（《文賦》），

就是「寫物圖貌，蔚以雕畫」（《文心雕龍》〈詮賦〉）。司馬相如對「形似之言」的追求與創造，可謂嘔心瀝血，他寫《子虛賦》《上林賦》，「遊神蕩思，百餘日乃就」，兩賦皆借三人的對話，對諸侯、天子的游獵盛況和宮苑的豪華壯麗，作了窮形盡相又大加誇張的描寫，尤其是《上林賦》，「繁類以成艷」（《文心雕龍》〈詮賦〉），風中草木偃伏之形與聲，都惟妙惟肖地寫出來了，令人歎為觀止。特定的意義也有一點，「其卒章歸之於節儉，因之諷諫」，但只不過是外加的「勸百諷一」小尾巴。

揚雄是很崇拜司馬相如的，他說「孔氏之門用賦也，則賈誼升堂，相如入室矣」，他「少而好賦」，但「學相如為賦而弗逮，故雅服焉」。後來，他的思想有很大的轉變，批判了早年自己學賦為「童子雕蟲篆刻」，是「壯夫不為」之事（《法言》〈吾子〉）。但是揚雄也沒有否定賦的審美價值，只是認為它的功用價值不能與經典之文並列。他要求作賦取法詩之美刺，必須有諷諫之義，這樣他又不似司馬相如的「賦家之心」了。揚雄的「文質」觀基本上從儒家，前面已作介紹，在《法言》〈吾子〉中有一節寫道：「或曰：有人焉，自云姓孔而字仲尼，入其門，升其堂，伏其幾，襲其裳，可謂仲尼乎？」揚雄答曰：

其文是也，其質非也。（敢問質？）羊質而虎皮，見草而說，見豺而戰，忘其皮之虎矣。聖人虎別，其文炳也，君子豹別，其文蔚也；辯人貍別，其文萃也。貍變則豹，豹變則虎。

念念不忘「文」須有其「質」。他不反對「文」，只反對文飾過分。女子應有美色，文章也須有美，若是求美失度，「女惡華丹之亂窈窕也，書惡淫辭之淈法度也」。因此而瞧不起景差、唐勒、宋玉、枚乘等

人之賦，批評他們的作品「淫」，質不美而文辭濫。他也是主張本質美才有真正的文采之美，說屈原的作品是「如玉如瑩，奚變丹青」。玉有永不消逝之美，丹青雖美，「初則炳，久則渝」（《法言》〈君子〉篇）。任何藝術作品，形式之美無論怎樣的輝煌，隨時間的推移，美的光彩就會逐漸暗淡。由此，他提出一個與賦有關的新「文質」觀：

> 或問：君子尚辭乎？曰：君子事之為尚。事勝辭則伉，辭勝事則賦，事辭稱則經，足言足容，德之藻矣。（《法言》〈吾子〉）

賦，當然不必擠入「經」之列，能做到事辭相稱，足言足容，則可與《詩經》並美。由此，他又提出「詩人之賦麗以則，辭人之賦麗以淫」，突出了賦的審美特徵——「麗」。但「麗」有兩種形態：「則」，有嚴格的規範性，是「彪如在上，天文炳也」，是「事辭稱」；「淫」，是「鴻文無範，恣意往也」；是「辭勝事」。這一觀點，後來劉勰作了發揮：「麗詞雅義，符采相勝，如組織之品朱紫，畫繪之著玄黃，文雖新而有質，色雖糅而有本，此立賦之大體也」，若「逐末之儔，蔑棄其本」，「繁華損枝，膏腴害骨」（均見《文心雕龍》〈詮賦〉），那就是「雕蟲篆刻」之技了。

第三節　王充的「文章」學説

王充是一位哲學家，在他的傳世著作《論衡》中有不少篇目論及文學問題，他論文，主要是論古今文章，即由書面文字形成的文章，在〈佚文〉篇中寫道：「《五經》六藝為文，諸子傳書為文，造論著說為文，上書奏記為文，文德之操為文，立五文在世，皆當賢也。」「五

文」中前四種都有書面文字之文在內，而第一、二種是文人所學之文，第三、四種則屬文人自作之文。王充著重指出：

> 造論著說之文，尤宜勞焉。何則？發胸中之思，論世俗之事，非徒諷古經，續故文也；論發胸臆，文成手中，非說經藝之人所能為也。

這樣，由「文」而「文章」，再而至什麼樣的東西才算文章的觀念，逐漸明確了。有「論發胸臆，文成手中」的文章出現，就有文章家。王充在《論衡》〈書解〉篇又指出：「著作者為文儒，說經者為世儒。」「世儒」專說聖人之經，解賢者之傳，其業易為，「故世人學之多」「宮廷設其位」。「文儒」則不同：

> 文儒之業，卓絕不循，人寡其書；業雖不講，門雖無人，書文奇偉，世人亦傳。……案古俊乂著作辭說，自用其業，自明於世。世儒當時雖尊，不遭文儒之書，其跡不傳。

王充推崇「造論著說」為一國一代之「文章」，又給予文章家以崇高的地位。在《論衡》〈超奇〉篇把這種地位推以最高的層次：「能說一經者為儒生，博覽古今者為通人，采掇傳書以上書奏記者為文人，能精思著文連結篇章者為鴻儒。故儒生過俗人，通人勝儒生，文人逾通人，鴻儒超文人。故夫鴻儒，所謂超而又超者也。以超之奇，退與諸生相料，文軒之比於敝車，錦繡之方於縕袍也，其相過遠矣。」他將「文儒」美稱為「鴻儒」，再盛譽「鴻儒，世之金玉也，奇而又奇矣」！

王充充分認識並論證了著作文章及文章家在文化領域內獨特的地位，把文章學術從大文化（從國家典章制度到個人服飾）圈子裡區分

開來，為即將到來的「文學的自覺」時代開拓了道路。王充在論述作為「鴻儒」文章的文質關係方面，有很多值得注意的新鮮見解，略述數點：

1.「文辭美惡，足以觀才」。一個人內質再美好，不表達出來便不能為人們所認識，司馬相如、揚子雲滿腹經綸，若「書所不能盈牘，文所不能成句」，怎會得到漢武帝、漢成帝的賞識？所以「夫人有文質乃成」（《論衡》〈書解〉）這是一個很有辯證意義的觀點，作文章，內容與形式實在是不可分割的，任何可以傳達的內容，都是有形式的內容，因為它必須附著於一個載體；任何形式，都是有意味的形式，它作為一個載體是以有被載物為前提而出現、而存在的。從最終的傳達效果來說，內容的傳達順暢是形式仲介作用的最佳發揮。沒有這一形式（文），內容（質）不可能成「直接的現實」。前面所談到的揚雄也說過：聖人之質以文見，「車服以彰之，藻色以明之，聲音以揚之，《詩》《書》以光之。籩豆不陳，玉帛不分，琴瑟不鏗，鐘鼓不扙，吾則無以見聖人矣。」（《法言》〈先知〉）還說過「玉不雕，璵璠不作器；言不文，典謨不作經。」（《法言》〈寡見〉）王充將此說引進了他的「文章學」，《論衡》〈超奇〉有更形象的說法：

有根株於下，有榮葉於上；有實核於內，有皮殼於外。文墨辭說，士之榮葉、皮、殼也。實誠在胸臆，文墨著竹帛，外內表裡，自相副稱，意奮而筆縱，故文見而實露也。

對於那些「質而已矣，何以文為」的形而上學的觀點，王充作了一個歷史性的否定結論。

2.「文由語也」。在《論衡》〈自紀〉中，王充又率先提出了書面

語言（「文」）與口頭語言（「語」）需要統一的問題，這就是提倡「今文」，反對「古文」，主張文字與口語統一。漢代的經師們為了神化所謂先賢，將孔、孟的「言以足志，文以足言」「辭達而已矣」都予以神秘化，連《詩經》中一句普通的詩句也附會出種種「微言大義」，以為「賢聖之材鴻，故其文語而俗不通。玉隱石間，珠匿魚腹，非玉工珠師，莫能采得。寶物以隱閉不見，實語亦宜深沉難測」，將表意文字與口頭語言強行拆開，是對書面語言實行貴族式壟斷。王充著《論衡》，自認為「其文盛，其辯爭，浮華虛偽之語，莫不澄定。沒華虛之文，存敦龐之樸；撥流失之風，反宓戲之俗」。言語之須有文采，本來是要吸引讀者的審美注意；這種文采本來也就在「質」中蘊藏著，「玉隱石間，珠匿魚腹，故為深覆」，當作家要將內質盡情地表露出來，猶如「玉色剖于石心，珠光出於魚腹，其猶隱乎」。因此，作家使用語言「達意」，就不應該再示人以「玉隱石間，珠匿魚腹」，而是「玉剖珠出」。由於言語的明晰，「質」「文」畢現，「爛若天文之照，順若地理之曉，嫌疑隱微，盡可名處」。也只有這樣，才談得上言語辭令真正的文采。王充進一步指出：「口則務在明言，筆則務在露文」，口與筆都貴在盡傳胸中之意。如果語言文字隱晦曲折，「觀讀之者」猶似「三年盲子，卒見父母，不察察相識，安肯說喜？」這樣的文章即使自認為很有文采，卻喚不起讀者的審美愉悅之感。由此，王充在「文猶語也」「文字與言同趨」的前提下，提出文章也必須「形露易觀」「欲其易曉而難為，不貴難知而易造」。他反對刻意求文而造成以「文」隱「質」的不良傾向。漢代的辭賦，在語言形式上堆砌古文奇字，崇尚對偶，離開口頭自然語言越來越遠，王充認為它是「深覆典雅，指意難睹」（所引均見《論衡》〈自紀〉）。文字遊戲並不等於文采斐然。

　　3. 反對「虛妄之言」。王充一方面「尚文」，甚至說「繁文之人，

人之傑也」（《論衡》〈超奇〉），另一方面反對因刻意求美而造虛妄之言，他認為作者「定意於筆，筆集成文，文具情顯，後人觀之，見以正邪」（《論衡》〈佚文〉），所以容不得筆下妄寫。「繁文」須好，必須是「文由胸中而出，心以文為表。觀見其文，奇偉俶儻，可謂得論也」（《論衡》〈超奇〉）。虛妄之語是「華文」，即華而不實之文，沒有任何功用價值。他自述作《論衡》的指導思想：

是故《論衡》之造也，起眾書並失實，虛妄之言勝真美也。故虛妄之語不黜，則華文不見息；華文放流，則實事不見用。故《論衡》者，所以銓輕重之言，立真偽之平，非苟調文飾詞，為奇偉之觀也。（《論衡》〈對作〉）

應該說，王充反對虛偽之語在當時是有一定積極意義的，《論衡》中他寫了被稱為「九虛三增」的一組十二篇論文：「漢有實事，儒者不稱，古有虛美，誠心然之，信久遠之偽，忽近今之實，斯蓋三增、九虛所以成也。」（《論衡》〈須頌〉）從《書虛》到《道虛》等九篇，揭露了古之「傳書」中各種「神化」聖賢、帝王、天人感應、吉凶異相、仙道方術等虛妄之記載；《論衡》中《語增》《儒增》《藝增》三篇則對說史、說事中各種「虛增之語」進行了分析批評。孔子曾說「文勝質則史」，王充列舉了大量古代典籍和儒書中以「增益之語」而失歷史之真的記載，比如儒家為醜化商紂王，美化周武王，作了很多不符事實的誇張。說周武王伐紂，出仁義之師，「兵不血刃」，實際情況是怎樣呢？「察《武成》之篇，牧野之戰，血流浮杵，赤地千里。由此言之，周之取殷，與漢秦一實也。」（《論衡》〈語增〉）但是，我們也需指出，王充將文辭美的許多修辭手法，以及適用於美感文學的誇張、想像、

聯想等表現手段，都一律劃入「虛妄」的圈子裡而不分青紅皂白地予以貶斥，未免過激了。他畢竟還是生活與寫作在漢代儒生的圈子裡，雖說他是「文儒」，亦可稱「鴻儒」，但是儒家「尚用」的功利觀念還牢牢控制著他，他執著於「文人之筆，勸善懲惡」的直接社會效果的追求，寫文章是「起事不空為，因因不妄作；作有益於化，化有補於正」，因此，他雖然強調「繁文」，但也固守著「質直」。《論衡》〈對作〉中有云：

> 世俗之性，好奇怪之語，說虛妄之文。何則？實事不能快意，而華虛驚耳動心也。是故才能之士，好談論者，增益實事，為美盛之語；用筆墨者，造生空文，為虛妄之傳。聽者以為真然，說而不舍；覽者以為實事，傳而不絕。

這些指責對於記錄或論述實事實跡的史傳、文章則可，對於詩、賦等「藝文」則未免迂闊，因為美感文學作品正是要引起觀讀者的「快意」，要有「驚耳動心」的審美效果。他「三增」中最後一篇所舉例子，多有迂腐可笑之處。比如《詩經》〈大雅〉〈雲漢〉中「周餘黎民，靡有孑遺」之句，《孟子》也曾論過，如果照字面直解，「信斯言也，是周無遺民也」，但他指出：「說詩者不以文害辭，不以辭害志，以意逆志，是為得之。」不能「以辭而已矣」（《孟子》〈萬章上〉）。可是王充卻說，大旱之災，死的只是窮人，並且平原之地有旱，山林之地不一定同遭旱災，「山林之間，富貴之人，必有遺脫者矣」，這就將詩與記實之史一體要求了。再如：《詩》〈小雅〉〈鶴鳴〉有「鶴鳴九皋，聲聞於天」之句，他也從真實的物理空間距離去求解：「耳目所聞見，不過十裡，使參天之鳴，人不能聞也。何則？天之去人以萬數遠，則

目不能見，耳不能聞。……」王充這些論述，將事物之「真美」與藝術美對立起來，這說明時至東漢，在思想比較激進、開放的文人那裡，自覺的文學觀念尚未成形。

雖然如此，王充這一觀點強調文章發揮作家個性「各以所稟，自為佳好」。前面已說過，王充主張「文由胸中而出，心以文為表」；又說「精誠由中，故其文語感動人深」（《論衡》〈超奇〉），因此，這就接觸到了文章個人風格的理論問題，各個人的「質」不同，外現於「文」也就不同，既然憑自己胸中所有而為文，何必亦步趨於古人傳世之文？《論衡》〈自紀〉對此有一段很精彩的論述：

飾貌以強類者失形，調辭以務似者失情。百夫之子，不同父母；殊類而生，不必相似；各以所稟，自為佳好。文必有與合然後稱善，是則代匠斲不傷手然後稱工巧也。文士之務，各有所從，或調辭以巧文，或辯偽以實事。必謀慮為合，文辭相襲，是則五帝不異事，三王不殊業也。美色不同面，皆佳於目；悲音不共聲，皆快於耳。酒醴異氣，飲之皆醉；百穀殊味，食之皆飽。

他旗幟鮮明地反對模擬，是提倡個人的創新，漢武帝實行「罷黜百家、獨尊儒術」以後，政壇與文壇都籠罩著因因相襲的氣息。「天不變，道亦不變」，給那種學古、稽古、復古文章張開一把保護傘。揚雄寫《法言》《太玄》語言古奧艱澀，內容和形式都模仿《論語》與《周易》，雖間有新見，模擬之態實不可取。王充之《論衡》，不懼「不類前人」，不畏「諧於經不驗，集於傳不合」（《論衡》〈自紀〉），而以自己富有個性的「質」與「文」呈現於世。「蓋才有淺深，無有古今；文有偽真，無有故新。」（《論衡》〈案書〉）這種積極、進步的文學觀，

無疑對後代文人們的創作實踐與文學事業的發展，具有深遠的啟迪意義。曹丕《典論》〈論文〉提出「文非一體、鮮能備善」「文以氣為主」和反對「貴遠賤近」等觀點，或許就受到王充的啟發。

第四章

「文質彬彬」美學意義的延伸

　　孔子所出「文質彬彬」一語，已於本書〈小引〉中說明，是源於寧贏氏評陽處父之論，原義是品評人物，給「君子」人品一個簡要的定義。但是這個定義是抽象的，可作為一種審美原則，尚未深入到具體的個人作生理與心理方面的論證，因此，在政治、文章學術等領域的應用反而更為廣泛，更為具體。對於品評人物方面，還停留在人的抽象定義，如荀子給「君子」定下了一個「至文」的標準，所謂「寬」「廉」「辨」「察」云云，完全是理性的判斷。直到漢代，受到民間「相人之術」的影響，品評人物才注意到人的生理結構和相貌，司馬遷《史記》〈淮陰侯列傳〉記載齊人蒯通對韓信說：「僕嘗受相人之術。……貴賤在於骨法，憂喜在於形色，成敗在於決斷。」他相韓信是：「相君之面，而不過封侯，又危不安；相君之背，貴乃不可言。」蒯通用意在挑動韓信背叛劉邦自立為王，此「相人之術」帶有欺騙性質，但他所提到的「骨法」，卻是當時品相人物一個重要的依據，是對人的生理結

構之質的把握。所謂「骨法」，即「骨相」之謂，東漢王充在《論衡》中專立〈骨相〉篇，他說：「人命稟於天，則有表候於體。察表候以知命，猶察斗斛以知容矣。表候者，骨法之謂也。」還說：「貴賤貧富，命也；操行清濁，性也。非徒命有骨法，性亦有骨法。」稍後於他的王符，也在《潛夫論》〈相列〉中寫道：「《詩》所謂『天生烝民，有物有則』，是故人身體形貌，皆有象類；骨法角肉，各有分部，以著性命之期，顯貴賤之表。」此後，不斷有人作《相論》之類的書，「骨相」「骨法」的術語也漸為人們所熟知。漢末魏初，形成了一種品題人物的風氣，曹魏時代的河南人許劭，「好共核論鄉黨人物，每月輒更其品題」，因而有「汝南月旦評」之譽（《後漢書》〈許劭傳〉）。他曾評曹操是「治世之能臣，亂世之奸雄」（《三國志》〈魏志〉〈武帝紀〉）。

　　人物品評風氣，由魏而兩晉，直到南朝，在士大夫之間流傳日盛，有迷信性質的「相人之術」逐漸隱退，具有一定科學性與美學意義的品藻出現於學界文壇，上承孔子「文質彬彬」的品評，在一個新的層面上對人本身的「質」與「文」重新認識。這一方面是自東漢建安時代始，盤踞有漢一代四百年的儒學，其獨尊地位開始動搖；不再是作為群體存在而是作為個體存在的人，主體意識開始覺醒，曹丕在《典論》〈論文〉中首先提出：人各有屬於自身的「氣」，「氣之清濁有體，不可力強而致，雖在父兄，不能以移子弟」。另一方面，由先秦曆兩漢千余年間，文學藝術作為人的精神創造活動，也在由低級向高級不斷發展，詩歌、繪畫、書法皆開拓了新的藝術境界。東漢時代產生的《古詩十九首》，詠歎作為個體的人的生之憂患，「意悲而遠」；繪畫則出現了講究傳人物之「神」的肖像畫；書法則跳出隸書的窠臼而有了草書，又由魏碑體而發展到楷體、行、草，這些在精神上放鬆了的自由的創造活動，詩人、畫家、書法家各秉不同的氣質、個性，必然

要在作品中得以凸現。在這樣的歷史、人文環境中，品評各式人物，也必然會有美學意義的新開拓。

　　本章主要介紹劉邵的《人物志》，對人的「質」與「文」較之先秦儒家有更開闊更深入的論述，繼而對劉義慶《世說新語》大量品藻人物的實例加以考察，再及同時代的繪畫、書法理論，以對「文質彬彬」理論意義的延伸與新的美學形態有較為系統的把握。

第一節　人物品評：理性審視的深化

　　《人物志》的作者劉邵（或作劭）是三國時代曹魏集團中一位重要學者，曹丕稱帝后做過尚書郎、散書常侍等官，又曆明帝曹叡、齊王曹芳兩朝。他曾受命考核人才、推薦人才，因而使他對各種人物有細緻的觀察，熟諳不同人物的才性，與他同時的夏侯惠讚揚他：「深忠篤思，體周於數，凡所錯綜，源流弘遠，是以群才大小，咸取所同而斟酌焉。」[1]更可貴的是他能將觀察考核人才的「篤思」上升到理論的層面加以總結，使《人物志》不但是我國歷史上第一部系統的人才學專著，而且涉及哲學、心理學、美學諸領域，「文學之士嘉其推步詳密……文章之士愛其論著屬辭」（引文出處同上），對於亦屬「人學」的文學，具有很大的啟迪意義。

　　劉邵品評人物的指導思想，其實質還是秉承儒家之學，在〈自序〉中說：「夫聖賢之所美，莫美乎聰明。聰明之所貴，莫貴乎知人。」說聖人為辨人之優劣，「則立君子小人之辭」。又特別提到孔子，「序門人以為四科，泛論眾材以辨三等。又歎中庸，以殊聖人之德」。他的書中

1　《三國志》〈魏志〉〈劉劭傳〉引夏侯惠薦劭書。

沒有出現「文質彬彬」一詞，但他解釋的「中庸」，囊括了「文質彬彬」之義並且有所引申：

　　夫中庸之德，其質無名，故鹹而不鹼，淡而不䐑，質而不縵，文而不繢，能威能懷，能辯能訥，變化無方，以達為節。（《人物志》〈體別〉）

　　孔子對「文質彬彬」並沒有作多少理論的發揮，而劉邵卻以「中庸」而言質與文「適均之貌」。「質而不縵，文而不繢」，就是說質地素潔似無文采，其實是文采斐然而不炫耀。這兩句話承孔子「繪事後素」而言。劉邵察人辨物，首先就是注意「質」之美，對此論述頗多，茲選錄若干分別加以闡釋：

　　蓋人物之本，出乎情性。……凡有血氣者，莫不含元一以為質，稟陰陽以立性，體五行而著形。苟有形質，猶可即而求之。

　　凡人之品質，中和最貴矣。中和之質必平淡無味，故能調成五材，變化應節。

　　其在體也，木骨、金筋、火氣、土肌、水血，五物之象也。五物之實，各有所濟。是故骨植而柔者，謂之弘毅；弘毅也者，仁之質也。氣清而朗者，謂之文理；文理也者，禮之本也。體端實者，謂之貞固；貞固也者，信之基也。筋勁而精者，謂之勇敢；勇敢也者，義之決也。色平而暢者，謂之通微；通微也者，智之原也。五質恒性，故謂之五常矣。

　　以上三段，均在《人物志》〈九徵〉，遞進性地論人之「質」：第一
段言人的生理本質，是天地陰陽之氣的凝結。第二段言人的心理本
質，以「中和最貴」（即「中庸」），因為「陰陽清和，則中睿外明」，
是謂「聰明」。第三段言人的生理之質即「骨」「筋」「氣」「肌」「血」，
可分別形成人的「仁」「禮」「信」「勇」「智」五種性格品質。從抽
象的人到個體的人、從生理到心理，人之「質」大致如此。人的生理
結構與心理結構因天生、天賦基本相同，但作為每個具體的人，每種
生理結構的品質，又不會與他人盡同，或強或弱，或盛或衰，或靜或
躁，或清或濁，即如現代心理學所界定的多血質、黏液質、膽汁質、
抑鬱質，都與每個人的骨、筋、氣、肌、血實際狀態相關。在人類發
展歷史上，有完美的「中庸」之德的「兼材」如聖人者，總是少之又
少，芸芸眾生性格品質各不相同，可說都是「偏材」，「凡偏材之人，
皆一味之美」。在《體別》篇中，劉邵列舉了十二種「偏材」，並各述
其特點：

（1）「強毅之人，狠剛不和」；

（2）「柔順之人，緩心寬斷」；

（3）「雄悍之人，氣奮勇決」；

（4）「懼慎之人，畏患多忌」；

（5）「淩楷之人，秉意勁特」；

（6）「辨博之人，論理贍給」；

（7）「弘普之人，意愛周洽」；

（8）「狷介之人，砭清激濁」；

（9）「休動之人，志慕超越」；

（10）「沉靜之人，道思回復」；

（11）「樸露之人，中疑實（石昭）」；

（12）「韜譎之人，原度取容」。

　　種種「偏材」，各有優點，各有缺點，如「強毅之人」，他「材在矯正」，正直不阿，不畏邪惡，能伸張正義，但他的缺點是「在激訐」，毫不留情面地激怒、攻擊對方，不警戒自己過於強硬可能會產生不良後果，錯認為柔順只是軟弱的表現。這樣的人「可以立法」治理國家，「難與入微」即不能從事闡精發微之類的工作。寧嬴氏「不從」而「去之」的陽處父，正是這種「偏材」，他只有「剛德」而造成「怨之所聚」，結果死於賈季之難。

　　以上論人之「質」，除人共有的基本之質外，各種「偏才」又有不同特點的「質」。那麼，與「質」相對的「文」呢？劉邵沒有特別提及，但他由「質」而發，又有「著乎形容，見乎聲色，發乎情味，各如其象」之說，似通於寧嬴氏「貌，情之華也；言，貌之機也」，更細緻地描述了「儀」「容」「聲」「色」「神」五個方面：

　　儀：「心質亮直，其儀勁固；心質休決，其儀進猛；心質平理，其儀安閒。」

　　容：「夫儀動成容，各有態度：直容之動，矯矯行行；體容之動，業業蹌蹌；德容之動，顒顒卬卬。」

　　聲：「夫容之動作，發乎心氣；心氣之徵，則聲變是也。夫氣合成聲，聲應律呂：有和平之聲，有清暢之聲，有回行之聲。」

　　色：「夫聲暢於氣，則實存貌色。故誠仁，必有溫柔之色；誠勇，必有矜奮之色；誠智，必有明達之色。」

　　神：「夫色見於貌，所謂徵神；徵神見貌，則情發於目：故仁目之

精，愨然以端；勇膽之精，曄然以強。」（以上見《人物志》〈九徵〉）

應該說，這些都屬於「身之文」的範疇，「儀」「容」「色」是可觀之「文」，「聲」是可聽之「文」，「神」是可感之「文」。當然，這五種「文」，應是人人皆備，但既然「質」有「偏材」，「材」有優劣，因此，「身之文」也會有所偏而有優劣之分。劉邵又將人的生理、心理因素與「儀」「容」「言」等綜合而論，標舉所謂「九質之徵」：

平陂之質在於神，明暗之實在於精，勇怯之勢在於筋，強弱之植在於骨，靜躁之決在於氣，慘懌之情在於色，衰正之形在於儀，態度之動在於容，緩急之狀在於言。（《人物志》〈九徵〉，著重號為本書作者所加。）

將「質」的範疇擴大了，突出了人的精神狀態，「九質」即九種生理、心理品質，「九徵」即九種精神狀態的特徵，人的生理品質可能直接表現為人的精神特徵，強弱之體，靜躁之氣當是「筋」與「骨」相應外現的徵象。他以「平」與「陂」、「強」與「弱」、「靜」與「躁」、「慘」與「懌」等等對舉，表明了人的精神狀態是多樣的，單用「質」與「文」之類的抽象概念不能表述人的精神品質與「身之文」的多樣性，大凡為人，當然必有這樣或那樣的「征」。劉邵心目中的「兼材」亦即理想型的「完人」是：

其為人也，質素平淡，中睿外朗，筋勁植固，聲清色懌，儀正容直，則九徵皆至，則純粹之德也。

　　對此又高度評價曰：「兼材之人，以德為目；兼德之人，更為美號。是故兼德之至，謂之中庸。中庸也者，聖人之目也。」根據前引他對「中庸」的解釋，如此「兼材」且又「兼德」之人，就是「文質彬彬」的「君子」了，而「陂」「暗」「怯」「弱」「躁」之類，當然不能獲此「美號」。

　　《人物志》中〈九徵〉〈體別〉兩篇，提出了人物品評綱領性的觀點，對於人世間的「兼材」尤其是更多的「偏材」如何識別？對於「質勝文」「文勝質」如何判斷？又有〈八觀〉篇授以「觀人」的要領。「八觀」是：「一曰觀其奪救，以明間雜；二曰觀其感變，以審常度；三曰觀其志質，以知其名；四曰觀其所由，以辨依似；五曰觀其愛敬，以知通塞；六曰觀其情機，以辨恕惑；七曰觀其所短，以知所長；八曰觀其聰明，以知所達。」這「八觀」是系統的，也可以有所偏重，為不使本節過於枝蔓，僅將觀「感變」與觀「情機」紹述之：

　　「何謂觀其感變，以審常度？夫人厚貌深情，將欲求之，必觀其辭旨，察其應贊。夫觀其辭旨，猶聽音之善醜；察其應贊，猶觀智之能否也。」察顏觀色，聽言辨人，《易傳》〈繫辭〉已有「將叛者其辭慚，中心疑者其辭枝，吉人之辭寡，躁人之辭多，誣善之人其辭遊，失其守其其辭屈」之說，孟子亦有「詖辭知其所蔽，淫辭知其所陷，邪辭知其所離，遁辭知其所窮」（《孟子》〈公孫丑上〉）之說，劉邵則如此展示容顏之色與言辭的相應關係：

　　憂患之色，乏而且荒；疾疢之色，亂而垢雜；喜色愉然以懌，慍色屬然以揚；嫉惑之色，冒昧無常。及其動作，蓋並言辭，是故其言甚懌，而精色不從，中有違也；其言有違，而精色可信者，辭不敏也；言未發而怒色先見者，意憤溢也；言將發而怒氣送之者，強所不然

也。凡此之類，微見於外，不可奄違；雖欲違之，精色不從；感愕以明，雖變可知。是故觀其感變而常度之情可知。

　　人的感情色彩發生變化先見於面容的變化，如果他此時有言，也從言辭中表現出來，若言辭歡悅而內心不歡悅，則容顏也不會有歡喜之色，所謂「咽淚妝歡」，實是違心而偽，不能感動他人。若果有憤怒填膺，是壓也壓不住的，不講話也會「怒色先見」，欲出言更是怒氣衝衝。由此推論，「言」與「色」一樣，都是內心情緒狀態真實的外現，真偽不可混淆，觀其外部的「感變」，便可把握被觀者真實的「常度之情」。

　　「何謂觀其情機，以辨恕惑」？前所述「觀其感變」是觀內心情緒變化而引起容、言的變化，此「觀」則深入到心理層次，深度考察情緒變化之因。他說：「夫人之情有六機：抒其所欲，則喜；不抒其所能，則怨；以自伐之，則惡；以謙損下之，則悅；犯其所乏，則婟；以惡犯婟，則妒。」所謂「人性之六機」，實際說的是影響個人感情的六種類型的心理機制，他認為「人情莫不欲遂其志」「人情莫不欲處前」「人情皆欲求勝」「人情皆欲掩其短，見其所長」是人的共性，只是君子與小人各因其欲求的物件不同、動機不同，而表現情的質性不同。同樣表現出「喜」：「烈士樂奮力之功，善士樂督政之訓，能士樂治亂之事，術士樂計策之謀，辨士樂陵訊之辭，貪者樂貨財之積，幸者樂權勢之尤。」所舉七種人，皆是「贊其志」而莫不欣然，「抒其所欲」而莫不喜形於色。如果「不抒其所能，不獲其志」，他們的「怨」也各有其相：「功力不建，則烈士奮（憤）；德行不訓，則正人哀；政亂不治，則能者歎；亂敵未弭，則術人思；貨財不積，則貪者憂；權勢不尤，則幸者悲。」以此類推，以下四「機」皆作如是觀，「賢鄙之志可

能而知也」。這就是説，因「志」之賢鄙高下有別，人與人的「質」「文」等次也大有差異。

劉邵對人內在生理、心理與外部的儀容聲色，從理性的審視到兼有一定審美意味的觀察，可説已到了具體入微的境界。他在心目中，「文質彬彬」的極致，可能就是「英雄」！他對「英雄」的定義是從「草之精秀者為英，獸之特群者為雄」的自然動植物之狀推出：

聰明秀出謂之英，膽力過人謂之雄。

兩個突出的優點，合而可稱「英雄」。「雄」是「質」之體現，以「力」為定分，「英」則是「文」之修養，以「智」為定分，二者相輔相成：

英以其聰謀始，以其明見機，待雄之膽行之；雄以其力服眾，以其勇排難，待英之智成之。

然而，世界上真正二者兼備的英雄少，如曹操與劉備在「煮酒論英雄」時所道：「今天下英雄，惟使君與曹耳！」更多的人是「英」勝於「雄」或「雄」勝於「英」，劉邵舉漢高祖劉邦的左臂右膀為例，張良英智多，韓信則雄力勝，各有所長和所短，所以還不能成為蓋世英雄，或為相，或為將。作為可定天下成大業的英雄，劉邵又認為：「然英之分以多於雄，而英不可少也。」因為「英分少，則智者去之」，如項羽，「氣力蓋世，明能合變，而不能聽采奇異，結果是有範增而不能用，陳平等智士皆逃走。劉邦「雄」且「英分多」，故「群雄服之，英材歸之，兩得其用」。劉邵的結論是：「一人之身兼有英雄，乃能役英

與雄；能役英與雄，故能成大業也。」

　　劉邵論「英雄」，似乎是將「文質彬彬」的意義作了出人意外的引申和發揮，後來的文學批評家論詩人文學家的「才、識、膽、力」（葉燮《原詩》中有系統的論述），似乎又是承他所述「英雄」品質而論文壇之大家、大手筆。他的觀人、品評人物的理論與實踐，在兩晉至南朝審美性的品藻人物活動中，又在肖像人物畫的創作活動中，向美學理論轉化和完善。

第二節　人物品藻：「風骨」的審美觀照

　　劉邵的人物品評，如他在《人物志》〈自序〉中所説，察薦人才是為「皆所以達眾善而成天功也」，有較強的功利意識，審美的品藻尚少專門顧及。但就在劉邵的時代，一個新的哲學思潮已經興起，比他年輕的何晏與王弼創立了玄學。何、王「陽崇孔氏，陰崇老、莊」，漢代定下的《六經》他們只取《周易》，稱《老子》《莊子》《周易》為「三玄」，從《老子》「玄之又玄，眾妙之門」之意。王弼在《老子指略》中又特別解釋云：「玄，謂之深者也。」玄學家們對他們所處「世積亂離，風衰俗怨」的現實社會採取疏遠的態度，不復像儒家那樣積極干預國家、朝廷的政治，亦不再熱衷於功名，他們專注於對人生意義、人生價值的探討，在生活上耽於享樂又追求出塵拔俗的灑脫，在學問方面則樂於探精發微，鉤深致遠。他們提出一個「言不盡意」的論辨課題，又發起了一場聖人「有情」「無情」的爭論。前者，一方認為自古以來都是「言不盡意」，子貢就説過「夫子之言性與天道不可得聞」，《周易》之「立象」與繫辭也是「非通於意外者也」，「非言乎繫表者也」；後者，一方提出「聖人無喜怒哀樂」，所以異於常人。這兩個反

題，都在年輕的哲學家王弼那裡得到正確的解決，有令人信服的闡釋，在《周易略例》〈明象〉章中，他竭力證明，從接受者的角度看，「言不盡意」而「象」可盡意，既然立言者知道「言不盡意」而輔之「立象以盡意」，那麼，接受者就可「尋言以觀象」，在「得象忘言」之而又進一步「尋象以觀意」，直至「忘象」而「得意」。[2]他反駁聖人「無情」則說：「聖人茂於人者，神明也；同於人者，五情也。神明茂，故能體充和以通無；五情同，故不能無哀樂以應物。然則聖人之情，應物而無累於物者也。今以其無累，便謂不復應物，失之多矣。」（轉引自何劭《王弼傳》）聖人異於常人又同於常人，異在他「神而明之」，同在他有普通人一樣的感情，「明足以尋極幽微，而不能去自然之性」。但同中有異，聖人能自覺地「以情從理」，情能應物，又不受物之累，也就是說，聖人之情能超然於任何具體事物之上。

　　玄學界這兩個問題的爭論與解決，直接影響了劉邵之後品評人物視點的轉換，基於「言不盡意」而「象」可盡意，基於人皆有「情」，於是從對人物個性本質的理性審視轉向了對人物才情風貌的審美品藻。這一轉變，沒有留下多少理論的表述，卻流傳大量人物品藻的實例，南朝劉宋時代的劉義慶，收集了種種實例，錄入《世說新語》一書，對「文質彬彬」的優秀人物，以〈賞譽〉一篇納之，並特立〈品藻〉一篇，所謂「品藻」，按注《漢書》的唐朝訓詁學家顏師古解釋：「定其差品及文質」，可見是從「文」與「質」兩個方面進行審美為主的品評。

2　「得象忘言」「得意忘象」說，論證比較複雜，筆者曾在《「言不盡意」及其他》（《古代文學理論研究》第十四輯）、《周易與中國文學・外篇》第五章第一節《魏晉玄學的「言意之辨」》（百花洲文藝出版社1999年1月版）有評論，對此有興趣的讀者可參閱。

　　不過，在劉義慶的「新語」中，直接標示「文」「質」二字者極為少見，其「新語」就新在運用了「風」「骨」「神」「韻」等新詞描述被品評人物的精神風貌、才情聲色之美；更有本身就蘊含了不盡美學意蘊的「溫潤恬和」「弘潤通長」「器朗神俊」「高情遠致」「風姿神貌」「爽朗清舉」等新語，取代了「文質彬彬」的一般提法。這些新詞新語，又不止見於〈品藻〉一目，還在〈言語〉〈德行〉〈容止〉等篇中，或以此人與彼人相比較而言，或以自然物象為喻，或以不同人物的特點綜合而說。總之，或「質勝」，或「文勝」，都有別出新裁的新鮮話語。

　　對於「質」的範疇，若正面表述，有時直用「骨」，如：

　　王右軍目陳玄伯：「壘塊有正骨。」（〈賞譽〉）

　　蔡叔子云：「韓康伯雖無骨幹，然亦膚立。」（〈品藻〉）

　　時人道阮思曠，骨氣不及右軍……（〈品藻〉）

　　這些評語，既含王充、劉邵等說生理的「骨相」「骨法」之義，更賦予了精神氣質之義。《世說新語》中還有不及「骨」字而實言其不凡之質：

　　王公目太尉：「岩岩清峙，壁立千仞。」（〈賞譽〉）

　　世目周侯：「嶷如斷山。」（〈賞譽〉）

庚子嵩目和嶠：「森森如千丈松，雖磊砢有節目，施之大廈，有棟樑之用。」（〈賞譽〉）

屬於「文」的範疇，則往往用「風」「風韻」「韶韻」「秀」「清遠」「清蔚」等別具一格的話語，如《世說新語》中有：

李元禮風格秀整，高自標持。……（〈德行〉）

世目李元禮：「謖謖如勁松下風。」（〈賞譽〉）

嵇康身長七尺八寸，風姿特秀。見者歎曰：「蕭蕭肅肅，爽朗清舉。」或云：「肅肅如松下風，高而徐引。」……（〈容止〉）

有人目杜弘治：「標鮮清令，盛德之風，可樂詠也。」（〈賞譽〉）

阮渾長成，風氣韻度似父。（〈任誕〉）

所賞譽的諸名人，當然都有美質在內，這裡所見的描述語言，都在劉邵所標「儀」「容」「聲」「色」「神」的可見（特用「目」「見」）可感範圍內，沒有較細緻的具象描寫，卻又給人以魅力深含的美感。

也有「質」勝於「文」或「文」勝於「質」者，如裴令公見鐘士季：「如觀武庫，但睹矛戟。」可能是鐘會過於耿直，出語鋒利，文飾不足。又如：「王平子目太尉：『阿兄形似道而神鋒太俊。』太尉答曰：『誠不如卿落落穆穆。』」「神鋒太俊」即是內質過於外露，文不掩質，而「落落穆穆」則是既灑脫又不失於莊重。至於「文」勝「質」弱，

那些體質有缺陷的、其貌不揚的，如果外在的表現有風度有文采，也不乏可愛之態。韓康伯是與王弼一道注《周易》的大學問家，魏晉名士，《世說新語》〈輕詆〉篇有一條：「舊目韓康伯：『將肘無風骨』。」當時已有《說林》記範啟語：「韓康伯似肉鴨。」「舊目」有貶意，在〈品藻〉篇中又錄蔡叔子語：「韓康伯雖無骨幹，然亦膚立。」這就是說雖然骨相不佳，但外貌還是過得去，血肉豐滿有光彩。類似的例子還有：

> 劉伶身長六尺，貌甚醜顇。而悠悠忽忽土木形骸。（〈容止〉）

> 庾子嵩長不滿六尺，腰帶十圍，頹然自放。（〈容止〉）

劉伶有文才，善酒，有《酒德頌》揚名於世。庾子嵩是眼界很高的文人，《世說新語》〈文學〉篇記載他：「讀《莊子》，開卷一尺許，便放去，曰：『了不異人意。』」又記他作《意賦》成，「從子文康見問曰：『若有意邪？非賦之所盡；若無意邪，復何所賦？』答曰：『正在有意無意之間。』」此二人身矮貌不揚，但有「才情」「思致」藏於內，且有超然物外的風度，因此也得到讚譽。由此可見，兩晉時代，「文」與「質」的審美標準發生了很大變化，人的生理之「質」、可觀之「文」，已超越了劉邵理性審視的準則，有點跟著感覺走了。

人的生理體質不同並不影響其良好精神氣質的養成；人的精神氣質不同亦不影響其才情、思理、學問的發揮；才情、思理、學問皆上等次又有曠達的人生態度，必能給他人以或內或外，這樣或那樣的美感。《世說新語》中有不少羅列式的但又有比較的種種審美評價，如評吳地（三國時代為孫吳之國）人物：

　　吳府君，聖王之老成，明時之俊乂；

　　朱永長，理物之至德，清選之高望；

　　嚴仲弼，九皋之鳴鶴，空谷之白駒；

　　顏彥先，八音之琴瑟，五色之龍章；

　　張威伯，歲寒之茂松，幽夜之逸光；

　　陸士衡士龍，鴻鵠之徘徊，懸鼓之待槌。

　　對這七人的評價，劉義慶是從秀才蔡洪致刺史周浚的一封信中摘錄的，七人中，有的是太守級官員，有的是辭官歸隱的隱士，有的是文士，他們或「忠足矯非，清足厲俗，信可結神，才堪幹世」，或「體履清和，黃中通理」；或「秉氣清純，思度淵偉」，或「秉性堅明，志行清朗，居磨涅之中，無淄磷之損」，或「儒雅有俊才，容貌瑰偉，口敏能談，博聞強記，善著述」（中缺敍顏彥先語）。他們共同的品格是：「凡此諸君：以洪筆為鋤耒，以紙簡為良田，以玄默為稼穡，以義理為豐年，以談論為英華，以忠恕為珍寶；著文章為錦繡，蘊《五經》為繒帛，坐謙虛為席薦，張義讓為帷幕，行仁義為室宇，修道德為廣宅。」這十二句話，幾乎將當時所崇尚的才思、文華、風采之內涵盡行概括了。

　　三國魏末，有嵇康、阮籍、山濤、向秀、劉伶、阮咸、王戎七人，他們曾集山陽（今河南修武）竹林之下肆意恣飲酣暢，世稱「竹林七賢」。《世說新語》中對他們多有記載，有的已見前引，〈賞譽〉篇有一條集錄了他們七個兒子，多有乃父之風：

　　林下諸賢，各有俊才：籍子渾，器量弘曠；康子紹，清遠雅正；濤子簡，疏通高素；咸子瞻，虛夷有遠志；瞻弟孚，爽朗多所遺；秀

子純、悌，並令淑有清流；戎子萬子，有大成之風，苗而不秀；惟伶子無聞。

　　像這樣幾字的評語，雖不足以傳神，卻不乏令人品玩的神味，生髮一種恍惚朦朧的美感。〈品藻〉篇有「撫軍問孫興公」一則，那位孫興公的答語品評當時七位名士，還有自評，真可謂「清鑒貴要」，語語妙絕：

　　「劉真長何如？」曰：「清蔚簡令。」「王仲祖何如？」曰：「溫潤恬和。」「桓溫何如？」曰：「高爽邁出。」「謝仁祖何如？」曰：「清易令達。」「阮思曠何如？」曰：「弘潤通長。」「袁羊何如？」曰：「洮洮清便。」「殷洪遠何如？」曰：「遠有思致。」「卿自謂何如？」曰：「下官才能所經，悉不如諸賢。至於斟酌時宜，籠罩當世，亦多所不及。然以不才，時復托懷玄勝，遠詠老莊，蕭條高寄，不與時務經懷，自謂此心無所與讓也。」

　　對於前七位的彬彬文質，均渾成一體凝練於四字道出，作整體的審美觀，然而對於自己卻有所分析，自謙才質不及各位，但那「蕭條高寄」的風度足可彌補質之欠缺，差與各位共美。雖是名人，也不可能盡善盡美，「簡文云：『何平叔巧累於理，嵇叔夜俊傷其道。』」何平叔就是提出「聖人無喜怒哀樂」的何晏，他的文采（孔子說「情欲信，辭若巧」）受他作為理論家的氣質所累，因而有文不掩質之象；嵇叔夜即「風姿特秀」的嵇康，他的不拘禮儀，放浪形骸，對於他作為大學者之質（學問以體「道」為最高境界）有所損害。再看一個對「質」與「文」有所分別的實例：

　　時人道阮思曠：「骨氣不及右軍，簡秀不如真長，韶韻不如仲祖，思致不如淵源，而兼有諸人之美。」

　　「骨氣」與「思致」屬於「質」的範疇，「簡秀」與「韶韻」屬於「文」的範疇，二者均有不同的表現形態，王右軍、劉真長、王仲祖、殷淵源各有其突出表現，而阮思曠在每個單項分別不如他們，但兼而有之，即所謂「弘潤通長」（孫興公評語，見前引），可說是彬彬君子了。

　　宗白華先生《論〈世說新語〉和晉人的美》一文中，特別提到魏晉品藻人物，「拿自然界的美來形容人物品格的美，例子舉不勝舉。這兩方面的美——自然美和人格美——同時被魏晉人發現」。用自然界壯美或優美的景致物象來譬喻、擬象那些傑出的人物，不再如「弘潤通長」「清蔚簡令」尚不足以傳神，而是給人以具體可感又可啟發無窮想像的形神交融，情景交融之象。請欣賞如下各例：

　　裴令公見山巨源：「如登山臨下，幽然深遠。」
　　王戎云：「太尉神姿高徹，如瑤林瓊樹，自然是風塵外物。」
　　公孫度目邴原：「所謂雲中白鶴，非燕雀之網所能羅也。」（以上三條均見〈賞譽〉）

　　時人目王右軍：「飄若遊雲，矯若驚龍。」
　　有人歎王公形茂者，云：「濯濯如春月柳。」
　　海西時，諸公每朝，朝堂猶暗。惟會稽王來，軒軒如朝霞舉。
　　時人目夏侯太初：「朗朗如日月之入懷；李安國，頹唐如玉山之將崩。」

　　山公曰：「嵇叔夜之為人也，岩岩若孤松之獨立，其醉也，傀俄若玉山之將崩。」

　　裴令公有俊容儀。脫冠冕，粗服亂頭，皆好。時人以為玉人。見者曰：「見裴叔則如玉山上行，光彩照人。」

　　劉尹云：「清風朗月，輒思玄度。」（以上七條均見〈容止〉）

　　「瑤林瓊樹」「雲中白鶴」「春月柳」「朝霞舉」「清風朗月」等等，皆是可目見或想像中逼真可感的美景尤物（評王羲之的「遊雲」「驚龍」，有說是稱其書法美，但從「字如其人」言，擬之本人亦合），較之從孔子到劉邵的抽象表述，理性審視，「文質彬彬」完全被推到遙遠的背景上去了，誠於宗白華先生所道：「人格美的推重已濫觴於漢末，上溯至孔子及儒家的重視人格及其氣象，『世說新語時代』尤沉醉於人物的容貌、器識、肉體與精神的美。」[3]令人驚歎的是，他們竟將這些美化為一片絪緼的詩意美，那些超塵脫俗的「君子」果如「神仙中人也」（王羲之語）！

　　「風」與「骨」作為「文」與「質」的取代語，合成一詞在《世說新語》中僅一見，即〈輕詆〉篇之「舊目韓康伯：『將肘無風骨』」，但在具體人物的品藻中，已發揮得淋漓盡致，而在此書之外的晉人言語中，已有「風骨」一詞完整的運用，如東晉安帝司馬德宗品王羲之：「風骨清舉也。」東晉桓玄評後來成為宋之開國帝王的劉裕：「風骨不恒，蓋人傑也。」這一新的美學術語，很快轉入書法、繪畫領域，而後又入文學領域，發育而成一個新的美學範疇。

3　《美學散步》，上海人民出版社1981年版，第186頁。

第三節　書畫之品：藝術理論的發展

　　幾乎與劉邵《人物志》問世的同時或稍後，書法家和畫家也在用「骨」「筋」「氣」「血」「肌」等人體生理狀態，擬之於書法、繪畫藝術審美創造，「美是人的本質力量物件化」，在「文以氣為主」的召喚下，他們主體意識的覺醒，通過點、劃、線條、色彩，得以可作直觀的感性顯現，如是有了觀字如觀人，觀畫重得「神」的種種論述，「文」與「質」的觀念，在兩個嶄新的藝術領域內延伸與擴充。

　　與劉邵同時代的著名書法家鍾繇，他的書法論著作已失傳，只流傳後人一些零散的記錄，據說他作過《筆骨論》，後人編的《書苑菁華》中，記有「多力豐筋者聖，無力無筋者病」「用筆者天也，流美者地也，非凡庸所知」。這些關於書法的新見解，很快就被後來的書法家所接受，傳為王羲之老師衛夫人作的《筆陣圖》，就開始發揮和完善鍾繇的書法美學思想。衛夫人也認為，高超的書法藝術，非「凡庸」之輩所能為，「自非通靈感物，不可與談斯道」。又似直承鍾氏之說：

　　善筆力者多骨，不善筆力者多肉。多骨微肉者謂之筋書，多肉微骨者謂之墨豬。多力豐筋者聖，無力無筋者病，一二從其消息而用之。

　　這位女書法家，頗有男子的陽剛之氣，強調字的力度表現，而「力」又在於「有骨」「有筋」，「多肉」則掩其筋骨，是為「墨豬」，這就恰於人評韓康伯似「肉鴨」。她論字之橫、豎、點、撇、捺、鉤等筆劃，用「如千里陣雲，隱隱然其實有形」「萬歲枯藤」，「如高峰墜石，磕磕然實如崩也」，「陸斷犀象」「崩浪雷奔」「百鈞齊發」「勁弩筋節」等有力度表現的自然物象喻之，可見她尤重字的內在之質，而

此內在之質又取決於執筆者的「意」：「意後筆前者敗，意前筆後者勝。」若筆隨意運，「心存委曲，每為一字，各象其形，斯造妙矣，書道畢矣」。這些論述，已表明當時傑出書法家，對書法是意象化的藝術，有很自覺的認識。

自魏而晉，行書、草書新體已大行於世，書法家隨意揮灑，更須有骨有筋以見書家瀟灑風度，請看晉代書論家用美語描述行、草：

> ……飛筆放體，雨疾風馳；綺靡婉婉，縱橫流離。（王珉《行書狀》）

> 騁辭放手，兩行冰散，高音翰屬，溢越流漫。忽班班而成章，信奇妙之煥爛，體磊落而壯麗，姿光潤以璀璨。（索靖《草書狀》）

行、草不似漢代傳下的隸書，骨正格莊，但也不是遊絲縹緲，而是筋骨靈動於其中，楊泉《草書賦》更明白地說：「其骨梗強壯，如柱礎之丕基。」善行草的「書聖」王羲之，更強調這種筋骨都是在書者的心意中凝煉而成，「心意者，將軍也」。接著說：「夫欲書者先乾研墨，凝神靜思，預想字形大小、偃仰平直、振動，令筋脈相連，意在筆前，然後作字。」（《題衛夫〈筆陣圖〉後》）他還發明「書意」一說：

> 須得書意，轉深點畫之間皆有意。自有言所不盡得其妙者，事事皆然。（《自論書》）

自此而後，人們品賞書法作品亦如品藻人物，稍晚於劉義慶的王僧虔，有類似評語：

郗超草書，亞於二王，緊媚過於父，骨力不及也。

孔琳之書，天然絕逸，極有筆力規矩。

蕭思話，全法羊欣，風流趣好，殆當不減，而筆力恨弱。（以上三條均見《法書要錄》卷一《南齊王僧虔論書》）

王僧虔認為：「書之妙道，神采為上，形質次之，兼之者方可紹於古人。」也是以「神采」為最高書品境界，亦如《世說新語》中「神王」「器朗神俊」等品藻人物語。

自魏晉至南朝，繪畫領域山水畫與人物畫有很大發展，畫法理論也相當豐富，「文」「質」觀念轉換到繪畫觀念範疇，以人物畫理論最為突出，其中又以顧愷之與謝赫的理論話語表現得較典型。

顧愷之是東晉著名人物畫家，《世說新語》〈巧藝〉中有關他的畫藝多條記載，如記他畫人，「或數年不點目精。人問其故，顧曰：『四體妍蚩本無關妙處，傳神寫照，正在阿堵中。』」這在理論上合於劉邵的「徵神見貌，則情發於目」。其傳神技法為歷代畫家熟知。又有一條記曰：

顧長康畫謝幼輿在岩石裡，人問其所以，顧曰：「謝云：『一丘一壑，自謂過之。』此子宜置丘壑中。」

看來謝幼輿是一位性格磊落、不肯周旋官場而愛徜徉於山水之間的高士，顧愷之畫他在岩石裡，正是以磊磊之石烘托表現剛硬堅貞的品質。顧愷之的思想中有儒家的「文質」觀念，在他自認為很得意的

《箏賦》中就有：「華文素質，爛蔚波成。君子喜其賦麗，知音偉其含清。馨中虛以揚德，正律度而儀形。」所謂「華文」，在他繪畫創作實踐中，那就是形神兼備而有傳神之妙，而他的「神」，又與「骨」相關。《魏晉勝流畫贊》是顧愷之品評當時所見繪畫作品的評語彙集，試擇數則察之：

評《伏羲神農》：「雖不似今世人，有奇骨而兼美好，神屬冥芒，居然有得一之想。」

評《漢本紀》：「季王首也。有天骨而少細美。至於龍顏一像，超豁高雄，覽之若面也。」

評《醉客》：「作人形，骨成，而制衣服幔之，亦以助神醉耳。多有骨俱（疑「具」），然藺生變趣，佳作者矣。」

評《烈士》：「有骨俱，然藺生恨急烈，不似英賢之慨，以求古人，未之見也。於秦王之對荊卿及複大閑，凡此類，雖美而不盡善也。」

評《三馬》：「雋骨天奇，其騰罩如躡虛空，於馬勢盡善也。」

他用了「奇骨」「天骨」「雋骨」（筋骨強健之謂）等新詞，在他心目中，「骨」是形、神之本，是美之所生處，人物的精神、氣質、風度無不本之骨相。孔子評《韶》樂「盡美矣，又盡善也」，評《武》樂「盡美矣，未盡善也」（《論語》〈八佾〉）。孔子最為欣賞的是質「盡善」而文（此為樂音）「盡美」，《武》樂有殺伐的內容，樂音雖美，但頌揚流血的戰爭，所以「未盡善」。顧愷之評《烈士》與《三馬》，也借用了孔子的語言，其「善」似指「骨」，馬有「雋骨」才有其「勢」盡善。顧愷之將漢以來的「骨法」概念引入繪畫理論，視為「以形寫神」的一個重要方面，後來為南朝謝赫等的畫論繼承和發揮。

　　謝赫是由齊入梁的畫家和繪畫理論家，與文學理論家劉勰是同時代人，他的畫論著作《古畫品錄》不但繼承和發揮了顧愷之的繪畫美學思想，而且他將從《人物志》到《世說新語》中用來品評、品藻人物的語言轉移到品畫中來了，成為真正的繪畫藝術語言。他首先提出「畫有六法」：

　　六法者何？一，氣韻生動是也；二，骨法用筆是也；三，應物相形是也；四，隨類賦彩是也；五，經營位置是也；六，傳移模寫是也。

　　歷代至今的學者，都有將「六法」看作是繪畫六種方法的，其實「六法」之「法」另有旨義。南朝齊梁是佛教盛行的時代，佛典言「法」，有「法相」之說，「法相」即事物的本相，本色本然之相，此種特殊用法，多有學者取用之，如後來嚴羽《滄浪詩話》〈詩辨〉中有：「詩之法有五：曰體制，曰格力，曰氣象，曰興趣，曰音節。」說的是詩的本體之相，或說構成詩美的五大要素，絕非方法之「法」（言作詩方法，《滄浪詩話》中另有〈詩法〉一篇）。謝赫之「六法」，當是指畫之本然本色之相，如果之作「方法」論，則不應是「畫品」的前言，亦不宜作為品評自三國兩晉至齊梁二十幾位元畫家作品的指導思想。再看提「六法」前的開宗明義幾句話：

　　夫品者，蓋眾畫之優劣也；圖繪者，莫不明勸戒，著升沉，千載寂寥，披圖可鑒。雖畫有六法，罕能盡該，而自古至今，各善一節。

　　所謂「畫品」，即品評、品藻、品味畫之優劣，而品優評劣，又是觀畫之本相而定次第，「披圖可鑒」即是「六法」，此明指六種審美準

則或要素，亦可説是一件最優秀的繪畫作品，應該是六種審美要素皆具，缺一則不可評為上品。與謝赫同時人鍾嶸著《詩品》，在前言中説：「昔九品論人，七略裁士，校以賓實，誠多未值；至若詩之為技，較爾可知，以類推之，殆均博弈。」這段話與謝赫説「雖畫有六法，罕能盡該」的意思大致相同，即品實相符，盡善盡美者極為罕見。謝赫與鍾鍾嶸，一品畫，一品詩，可能互有影響。「畫有六法」，他又將所評畫家列為六個等次，標為六「品」，這顯然是承人物「品藻」之風而設。鍾嶸以「三品升降」評漢魏至梁「百二十人」之詩，謝赫亦説：「然跡有巧拙，藝無古今，謹依遠近，隨其品第。」因而明標「六品」。「法」是「品」的標準與依據，「法」亦有品級，觀賞任何一幅畫，均辨其「法相」而品第其優劣。

「六品」，每品各列數人，是不是每品皆與「六法」對號入座呢？比如第六品列宗炳、丁光二人，是不是此二人只有「傳移模寫」之長？不是！他説宗炳「明於六法，迄無適善，而含毫命素，必有損益，跡非准的，意足師放」。這是明顯指出，宗炳作品之「法相」，從總體觀皆有欠缺，往往是這裡有「損」，那裡有「益」，不合「六法」之「准的」。而丁光，他善於畫「蟬雀」，「筆跡輕羸，非不精謹」，但「乏於生氣」；三個評語指出了兩個缺點，「筆跡輕羸」則骨弱或無骨之相，「乏於生氣」則是無「氣韻生動」之象。再細讀其他五品，可發現謝赫是將「六法」視為一個整體，畫之本相表現在六個方面，六個方面的表現皆佳，方是上上之品，「惟陸探微、衛協該之矣」！他對陸探微的「品」語，有「窮理盡性，事絕言象，包前孕後，古今獨立，非複激揚所能稱讚」等概括性的讚揚語言，視為體現「六法」的典範，「但價重之極，於上上品之外，無他寄言」。可以説是給予了最高的評價。對於衛協，「品」語就比較具體了：

　　衛協：古畫皆略，至協始精，六法之中，迥為兼善，雖不該備形
似，頗得壯氣，凌跨群雄，曠代絕筆。

　　這就明白地說明，衛協的畫，六種審美品相差不多都表現得到
位，雖然於「應物象形」稍有欠缺，但以「壯氣」彌補了，即「氣韻
生動」有加。也正是於第三品稍有缺憾，謝赫將他列為第一品第三。
衛協是顧愷之的老師，顧愷之在魏晉勝流畫評中有評其師之語：

　　畫《七佛》，有情勢，皆衛協手傳。畫《北風詩》，亦衛協手，美
麗之形，尺寸之制，陰陽之數，纖妙之跡，世所並貴，神儀在心，末
學詳此，思竭半矣。[4]

　　顧愷之沒有說老師「不該備形似」，而是特別讚揚「神儀」畢現，
強調一個「神」字，與謝赫說「頗得壯氣」大體相通。
　　第一品中第二與第四、第五是曹不興、張墨、荀勖三位，曹不興
所畫的龍，「觀其風骨，名豈虛成」。「六法」中第一、二、三、四種品
相融於一畫，尤以「氣韻」「骨法」結合最佳，因以「風骨」概稱之。
而張、荀之作：

　　風範氣韻，極妙參神。但取精靈，遺其骨法。若拘以體物，則未
見精粹；若取之象外，方厭膏腴，可謂微妙也。

4　此據沈子函編《歷代論畫名著彙編》所載《畫評》引，唐張彥遠在《歷代名畫記》中
　　所錄，前後文字皆不同，「世所並貴」後是：「神儀在心而手稱其目者，玄賞則不待
　　喻。不然真絕夫人心之達，不可或以眾論。執偏見以擬通者，亦必貴觀於明識。夫學
　　詳此，思過半矣。」

　　此二位於「氣韻生動」特別下功夫，不太注重骨體形貌的描繪，若拘泥於繪形體物去觀賞，他們的畫算不少精妙之作，若不拘於形體而賞其「風範氣韻」，品其神采，則可於象外悟其「精粹」之所在，象外之美感精微奧妙難以言表。

　　分析了謝赫對「第一品」幾位畫家的評價，可見他是將「六法」尤其是前四法實現整體的把握，就像整體地把握一個人的諸種生命現象，這是魏晉時代的人物品藻完整地向繪畫領域的品藻轉化。前四法更直接體現生命的整體感，現讓我們簡化為「氣」「骨」「形」「采」，先分別展開而後綜合觀之：

　　「氣」──「神氣」「生氣」，乃至「浩然之氣」「正氣」，這是品藻之物件精神氣質的向外輻射，生命力的奕奕畢現，無「氣」之人是死人，畫家之「氣」不能貫注入畫便是死畫。而洋洋之「氣」有節奏地律動，如樂曲的旋律運動，便是「韻」。謝赫所說之「氣韻」「壯氣」「神韻氣力」（第二品評顧駿之語）、「頗得神氣」（第五品評晉明帝語）、「乏於生氣」（第六品評丁光語）等等，皆是超越於畫面、「象外」之「精粹」。「氣」本是超越於形體又給予形體活力的生命表現，因此是觀照諸種生命現象同時也是對任何個體生命進行審美的首選之項。

　　「骨」──即「骨法」「骨相」「骨體」，人有骨幹方具可立可坐之體。畫無骨幹，亦無畫之體，無畫之格局。骨是體之「質」的內部存在，具有「體」之顯征。骨又與氣相關，骨壯氣亦壯，體弱氣亦弱，壯或弱，又表現於有力或無力，因此觀人有「氣骨」「骨氣」「骨力」「氣力」等聯綴語詞，謝赫評顧愷之「格體精微，筆無妄下」，評江僧寶「用筆骨梗，甚有師法」，評陸杲「體致不凡，跨邁流俗」，評毛惠遠「畫體周贍，無適弗該，出入窮奇，縱橫逸筆，力遒韻雅，超邁絕倫」（以上均見第三品）皆屬「骨體」表現較佳的畫家作品，而劉瑱「用意

綿密，畫體纖細，而筆跡困弱，形制單省」，明顯骨力軟弱的表現，因此置入「第五品」。

「形」──骨外現為形，形體、形象皆直觀可察，繪畫巧得「形似」，是繪畫的基本功，骨定體之「質」，體定人或物之「形」，氣骨不通過「形」無以表現，有形而乏骨氣則「形制單省」。謝赫評顧駿之「賦採制形，皆創新意」，評袁倩「象人之妙，並美前賢」（第二品），評蘧道湣、章繼伯的壁畫扇畫「人馬分數，毫釐不失，別體之妙，亦為入神」，評劉瑱善畫婦人，「但纖細過度，翻便失真，然觀察詳審，甚得姿態」（第四、五品）。都是關於「形」的表現。但強調了不能單純的描形模象，寫「形」亦須有「新意」、能「入神」，有生動的「姿態」，如果「不該備形似」或「略於形色」，只要頗得「壯氣」「神氣」，「筆跡超越，亦有奇觀」。這不是輕視「形」的創造，而是突出「形」憑所本之「氣」「骨」才能獲得一定的審美價值。

「采」──「隨類賦采」，不是指畫面上的五彩、七彩之色彩，如果理解為色彩，那就果然是簡的方法了。此「采」略同品文品人之「文采」「情采」「風采」，謝赫主取「風采」並益以近義之詞，評陸綏「體韻遒舉，風采飄然」（第二品）。評戴逵「情韻連綿，風趣巧拔」，評夏瞻「雖氣力不足，精采有餘」（第三品）。在六品評語中均未言著色之事。可見謝赫言「氣」「骨」「形」之後，合三者而言「風采」，是審美觀照的綜合，由觀而感所得的審美印象、審美趣味，這與《世說新語》中品人「神姿高徹」「風姿特秀」「風格秀整」「光映照人」等等的審美效應是一樣的，各種生命現象合為一體的最佳表現，就是「風範氣候，極妙參神」的翩翩風采，劉勰於《文心雕龍》描述有「風骨」之采是「風清骨峻，遍體光華」。

第五、第六兩「法」，似乎僅是配合前四「法」而設。「經營位

置」，是指一幅畫的構圖之美，需要畫家苦心經營。謝赫所有的評語中都未言此法的表現，在他之前也只有山水畫論中特別論述構圖之技，如王微《敘畫》和宗炳的《畫山水序》，「豎畫三寸，當千仞之高；橫畫數尺，體百里之遠」，欲表現山水的「容勢」，須善於構圖佈置？謝赫言此何所指呢？他品畫注重「氣韻」「風骨」、多言人物，應是指一幅畫中如何處理人物與周圍環境的關係。人物在環境中處於什麼位置，周圍的景物如何烘托人物的氣韻，前已舉顧愷之畫謝幼輿於岩石中，已是經營佈置典型之例，還可舉顧愷之評《嵇輕騎》畫為例：

> 作嘯人，似人嘯，然容悴不似中散。處置意事既佳，又林木雍容調暢，亦有天趣。

畫長嘯的嵇康於林木蔥蘢的自然環境裡，人物情與自然景極為融洽，有情景交融之美。可見謝赫將「經營位置」列為一「法」，亦是作為審美要素而觀的。第六之「傳移模寫」，如果是將「法」作為「方法」解，則明顯與第三、第四兩「法」有所重複，有人認為這一「法」是多餘的（張彥遠說是「畫家末事」），但提高到審美層次看，謝赫一定另有含意。第五品評劉紹祖曰：

> 善於傳寫，不閑其思。至於雀鼠，筆亦歷落，往往出群，時人謂之語，號曰：移畫。

此言「傳寫」「移畫」，似乎是說劉紹祖善於寫生，頗如宋代蘇軾《書鄢陵王主簿所畫折枝》詩所云：「邊鸞雀寫生，趙昌花傳神。」寫生不是一般的應物象形，最重要的是寫其「生氣」，這就不是一般的技

巧所能為了。我們要注意謝赫「不閑其思」四個字，實有勤於思索善出新意之義，第三品評張則之語，或可證之：

意思橫逸，動筆新奇，師心獨見，鄙於綜采，變巧不竭，若環之無端。……

看來，他的重點在「移」字上，有「移」之模寫，則能「新奇」；能「變巧不竭」，重點在「變」字上。要「移」而「變」，須「師心獨見」，新意自出，鄙於「綜采」前人、他人之意。

綜合而觀謝赫「六法」「六品」，他的繪畫美學思想是否已形成一個邏輯結構：「氣」「骨」是繪畫藝術的本質，「形」「采」「位」是繪畫藝術的表現，「移」而「變巧不竭」是繪畫藝術的創新。不知是劉勰受他的啟發還是劉勰啟示了他，《文心雕龍》〈知音〉篇提出品評文學作品的「將閱文情，先標六觀：一觀位體，二觀置辭，三觀通變，四觀奇正，五觀事義，六觀宮商」，與謝赫「六法」「六品」似是有意識的呼應。

從人物「品藻」的「定其差品及文質」，發展到初具體系的藝術、文學理論，書法、繪畫是循直觀、直覺而進的一條路線。文學所循的是什麼樣的路線，讓我們回到文學領域繼續考察。

第五章

文學自覺時代的「文質」觀

　　魏晉南北朝，是中國古代文學發展一個重要的轉折時期。魯迅先生在《魏晉風度及文章與藥及酒之關係》一文中說：「曹丕的一個時代，可說是『文學的自覺時代』，或如近代所說，是為藝術而藝術的一派。」文學的自覺，其主要標誌是「詩賦不必寓教訓」。自曹丕《典論》〈論文〉出，至陸機《文賦》行世，還只能說是文學自覺的進入期，「文」與「質」兩個觀念隨著文體分類的精確，純文學與雜文學的區別，發生了一系列的演化與變革。到南朝時期，文學的自覺進入深化階段，沈約、劉勰、蕭統、鍾嶸等文學理論家，都對「文質」觀念的純文學做出了重要的貢獻，特別是劉勰推出的巨著《文心雕龍》，建立了一個以「文」「質」結合新範疇為核心的文學理論體系，傳統的「文質」論更新了它理論發展的歷程。南朝的齊梁時代，是中國的美感文學即純文學進入了一個完全自覺的時代，更準確地說，中國文學史上「為藝術而藝術」的一派，或曰「唯美主義」的文學，就出現於這一時

期。此時，「文」的美學意識被空前地強化，而「質」的觀念逐漸淡薄或完全被「情感觀念」所取代。由於種種複雜的社會歷史原因，新的文學觀念、文學思潮對於當時的創作實踐固然產生了一些不良後果，但是對於在理論上確立純文學的地位，促使文學創作進入美的自由王國，以及改變文學的價值觀念等方面，都產生了強大的推動作用，對儒家傳統的「文質」觀念來説，可謂「矯枉過正」。我覺得，它的缺點發生於「過正」，它的歷史功績也產生於「過正」。總之，整個魏晉南北朝三百六十餘年間（向前還可延伸到東漢建安時期），文學的自覺程度不斷提高，為唐以後的中國古代文學攀登高峰，做好了理論上的準備。

第一節　由文體分類產生不同的「文質」標準

　　前章説過，王充已將文章著述的人稱為「文儒」或「鴻儒」，由東漢建安而入曹魏時代，「文儒」的地位便開始確立，曹丕在他的《典論》〈論文〉中，確立了一個樸素而永久性的稱呼：「文人」。他説「文人相輕，自古而然」。東漢詩賦家傅毅，就是「以能屬文為蘭台令史，下筆不能自休」的文人；又説「今之文人，魯國孔融文舉，廣陵陳琳孔璋，山陽王粲仲宣，北海徐幹偉長，陳留阮瑀元瑜，汝南應瑒德璉，東平劉楨公幹。斯七子者，於學無所遺，於辭無所假，鹹以自騁驥騄於千里，仰齊足而並馳……」。以文辭為業，這就是今古文人的職業特徵。

　　《典論》〈論文〉是我國文學批評史上專篇論「文」的開始（論詩已有《詩大序》），以後成了魏之開國皇帝的曹丕，以權威的口吻説：

　　蓋文章，經國之大業，不朽之盛事。年壽有時而盡，榮樂止乎其

身，二者必至之常期，未若文章之無窮。是以古之作者，寄身於翰墨，見意於篇籍，不假良史之辭，不托飛馳之勢，而聲名自傳於後。

把文人的地位與文章的價值標準提高得無以復加了。此文沒有直接論到「文」「質」關係問題，但它對魏以後「文質」觀念的豐富和發展，在兩個問題上做出了開拓性的貢獻：一是提出「文以氣為主」，這是對傳統的「質」的觀念一大突破；二是對於文章之體開始區分，根據不同文體提出不同的「文質」要求。這兩個問題又是相互聯繫著的，使人們對人與文的關係產生了新的認識。

文章非止一體，在兩漢之前就有區分，班固在《漢書》〈藝文志〉已有較清楚的眉目。但那還是以「體」附於「家」，如「諸子十家」，除「小說家」屬於民俗散文體（「街談巷語，道聽塗說者之所造也」）外，其餘九家皆屬論說文體；「詩賦」則以孫卿、屈原、宋玉、唐勒、枚乘、司馬相如諸家歸於一體……曹丕提出的文體概念，則已著眼於文章的體裁特徵與作用，他將當時流行的文章分為四類八體：奏、議、書、論、詩、賦、銘、誄。奏、議主要是向皇帝、上司陳述意見的文體；書、論主要說理辨義的文體；銘誄是記述功德和悼亡的文體；詩賦是緣情體物的文體。它們各自最突出的特徵是：

奏議宜雅，書論宜理，銘誄尚實，詩賦欲麗。

這樣，不同文體的不同內容，不同的表現物件，就有不同的「質」與「文」；不同氣質、個性的作家，他擅長這種或那種文體，也會表現出不同的「質」與「文」，不能以統一的「文質」標準去要求不同的作家，衡量不同的文體了。建安七子，王粲、徐幹「長於辭賦」，「然於

他文，未能稱是」，陳琳、阮瑀善作「章表書記」，為「今之雋也」；孔融不善於作議論文章，「理不勝辭」，但於他擅長的文體，則可以與揚雄、班固媲美。曹丕將作家賦予所作各種體裁作品「質」與「文」的表現，又最終歸結於作家的氣質個性所致：

　　文以氣為主，氣之清濁有體，不可力強而致。譬諸音樂，曲度雖均，節奏同檢，至於引氣不齊，巧拙有素，雖在父兄，不能以移子弟。

　　當然，文體是客觀的存在，須顧及自身特徵，曹丕之後，陸機、摯虞、李充等人的文體分類愈來愈精細，各體的特徵也愈明確。陸機的《文賦》開列了十種：

　　詩緣情而綺靡。賦體物而瀏亮。碑披文以相質。誄纏綿而悽愴。銘博約而溫潤。箴頓挫而清壯。頌優遊以彬蔚。論精微而朗暢。奏平徹以閒雅。說煒曄而譎誑。

　　陸機的高明之處是在於給每種文體都描述了一個美感特徵。曹丕說「詩賦欲麗」，陸機則用「綺靡」和「瀏亮」予以感性化。雖然十種文體「區分之在茲」，但還須遵守「文」「質」統一最基本的規則，那就是「要辭達而理舉，故無取乎冗長」。陸機之後的摯虞，著有《文章流別論》，全文已散失，據《全晉文》卷七十七所輯錄的十一條，他分別論及賦、詩、箴、銘、頌、誄、碑、雜文（摯虞未定此名，他所舉揚雄《解嘲》、張衡《應間》、崔駰《達旨》等文，劉勰歸入「雜文」類）、圖讖等九種。對於賦與詩，摯虞分別論述了它們「質」與「文」的審美特徵──

賦：「假像盡辭，敷陳其志」「以情義為主，以事類為佐」「情義為主，則言省而文有例」。他推崇「古詩之賦」以「情義」為「質」，反對「今之賦以事形為本」。

詩：「以情志為本」「以成聲為節」。這就是以「情志」為「質」，以「聲」成「文」。

與賦、詩比較，哀辭即「誄之流」的「質」「文」內涵就迥然有別：「哀辭之體，以哀痛為主，緣以歎息之辭。」東晉時代的李充所著《翰林論》也是討論文體分類的，扼要地論述了「為文體要」，分別開列了奏、議、書、論、詩、賦、贊、表、駁、盟、檄、誡、誥等十三種，他大抵在每種文體中擇取佳篇加以點評，顯示該體的特點。有的文體，他強調「質」而不強調「文」，如表、駁、論、奏，便是「宜以遠大為本，不以華藻為先」，「論貴於允理，不求支離」。

魏晉的文體分類，為劉勰寫作《文心雕龍》中更為龐大的文體論奠定了基礎。劉勰在論述「文之樞紐」之後，以四卷二十篇的篇幅論述了從詩至書、記等三十四種文體（「騷」作為一種歷史上的文體已置於「文之樞紐」）。[1]對於文體論，他自述道：「若乃論文敘筆，則囿別區分，原始以表末，釋名以章義，選文以定篇，敷理以舉統。」（《文心雕龍》〈序志〉）劉勰對每種文體的質、文要求，論述得更為仔細[2]。

文體既分，是文學走向自覺的第一步，但所有的文體中，有半數以上還不是純文學即美感文學的樣式，至南朝時，由於美感文學的高度發展（特別是駢文的出現），文人們感到有必要對廣義的「文學」再

1　若再細分，不止此數，如《雜文》，包括了「對問」「七」「連珠」三體，《詔策》包括「策」「制」「詔」「敕」（「戒」）四體，《書記》則另開列了「譜」「籍」「簿」「錄」至「狀」「列」「辭」「諺」等二十四種文體。全數統計達六十二體之多。

2　蕭統《文選》將文體分為三十七類，分類選文，對文體本身論述較少，此處存略。

次區分。劉勰在《文心雕龍》〈總術〉篇中說：「今之常言，有文有筆，以為無韻者筆也，有韻者文也。」劉勰是不太贊成這種區分的，說「文以足言，理兼《詩》《書》」，但當時已是大勢所趨，不得不有所遵循。他的文體論，前半「論文」，後來「敍筆」。屬「文」的體裁是詩、賦、樂府、頌贊、祝盟、銘箴、誄碑、哀悼、雜文、諧隱等十六種；屬「筆」的有史傳、諸子、論說、詔策、檄移、封禪、章表、奏啟、議對、書記等十八種。這樣的區分是以「有韻」和「無韻」為標準，但「文」多是抒情、寫物、敍事的文體，「筆」則是論理議事的文體，史傳中的傳，其實也可劃歸「文」，司馬遷的傳記文學不正是很好的「文」──無韻之《離騷》嗎？這種外部形式的劃分不甚精確，倒是梁元帝蕭繹在《金樓子》〈立言〉篇中，從各種文體內在性質的差異進行區分，更為準確。蕭繹論「筆」的特征是：

　　夫子門徒，轉相師受，通聖人之經者，謂之儒。……今之儒，博窮子史，但能識其事，不能通其理者，謂之學。至如不便為詩如閻纂，善為章奏如伯松，若此之流，泛謂之筆。……學者率多不便屬辭，守其章句，遲於通變，質於心用。……筆，退則非謂成篇，進則不雲取義，神其巧惠，筆端而已。

　　在重文輕筆的蕭繹看來，「筆」，上不能比之於儒學大師的經史撰述，下不能比之於抒情之「文」。「文」的源流與特徵是：

　　屈原、宋玉、枚乘、長卿之徒，止於辭賦，則謂之文。……吟詠風謠，流連哀思者謂之文。……至如文者，惟須綺縠紛披，宮徵靡曼，脣吻道會，情靈搖盪。

他明確規定具有美感的「文」之三要素：辭采、聲律、情感。具備這三要素的，便是美感的文學；不具備者，便歸入應用的、理知的文學。以「文」與「筆」區分二者，並重在內部性質的區分，應是當時文學自覺的最高程度了。如郭紹虞先生所說：「『文』『筆』之分也就和近人所說的純文學、雜文學之分有些類似了。」[3]

在漢代，我們還只能就詩、騷、賦、文章四大樣式考察其文質關係。魏晉以來，不斷對文體精確的分類，進而又有純文學之「文」與雜文學之「筆」的區別，真正的文學觀念經過一次次淨化得以確立了，「文質」說在純文學領域，開始了更具自覺的審美意識的演化。

第二節　「質」的觀念的演化

早期的「質」的概念，我在前面已談過。道家認為一切事物的最高本質是「道」，即天道或自然之道；儒家也推崇天道，但他們關於「質」的內涵，更多地具有人道的內容，即仁、義、忠、信之類政治倫理之「質」。總的來說，「道」與「理」都是對於「質」的總的界定。詩，以「志」為「質」，至於「情」也作為「質」的內涵，主要出自屈原作品，《樂記》以「情」為「樂」之「質」，也可類附，其他諸家很少提及。另外，「意」也進入「質」的範疇，孟子說「以意逆志」，《周易》說「言不盡意」，荀子說「志意定乎內」，墨子說「以名舉實，以詞抒意」，這「意」就是人所需要表達的內容了。但是，在魏晉之前，「質」還只能作為一個高度抽象的概念而存在著，因為它要適應政化、事績、修身三大領域，當「質」只在文學、文章的領域內，作為與形

式相應的內容之特定概念而存在時，它必須進入具體化的過程，不同文體有不同的「質」，不同氣質、個體的作家賦予具體作品不同的「質」。自魏晉至南北朝，傳統的「質」的觀念逐步演化，這種演化呈現兩種走向；一種是自「道」而「理」，主要歸宿於「筆」體文學即「理知的文學」；一種是由「志」而「情，又融合為「意」，主要歸宿于「文」體文學即「情感的文學」。兩種走向在「理」的問題上還交叉了一段時期，到齊梁時代才有更明確的分野。

先談談自「道」而「理」的走向。

「文」「質」關係即「文」與「道」的關係，老子不提，孔子講得比較含糊（堯之所以「煥乎其有文章」，就是因為「唯天為大，唯堯則之」），以「道」為言辭之「質」是荀子講得最明白：

> 辨說也者，心之象道也；心也者，道之主宰也；道也者，治之經理也。心合於道，說合於心，辭合於說，正名而期，質請而喻，辨異而不過，推類而不悖，聽則合文，辨則盡故，以正道而辨奸，猶引繩以持曲直。（《荀子》〈正名〉）

其他如韓非子，漢之淮南、董仲舒、揚雄皆有類似之說。由「道」而「理」，他們也有了哲學的推導，荀子又說過「夫道者，體常而盡變，一隅不足以舉之」（《荀子》〈儒效〉）。由「盡變」出發，便有不少小道理產生，這一點，倒是韓非說得更明白：

> 道者，萬物之所然也，萬理之所稽也。理者，成物之文也；道者，萬物之所以成也。……天得之以高，地得之以藏，維門得之以成其威，日月得之以恒其光，五常得之以常其位，列星得之以端其行，

四時得之以禦其變氣，軒轅得之以擅四方，赤松得之以天地統，聖人得之以成文章。（《韓非子》〈解老〉）

　　六朝文人既然已將「文質」之説具體落實到詩、賦文章之域，他們就不需要以至高的「道」來籠蓋其上了，一首詩，一篇文章，不可能説盡「體常」「萬物之所然」的大道理，只能表達一些循道而「盡變」的小道理。一事有一事之理，謂之「事理」，表現這種「事理」就是揭示事物自身的條理與規律。表達「事理」，是自曹丕以後的文論中關於「理」的基本內涵。《典論》〈論文〉中不見「道」字，兩見「理」字，説孔融「不能持論，理過其辭」，又説「書論宜理」，與他的「文氣」「文體」聯繫起來看，顯然是指具體事物內在之理了。陸機的《文賦》是為解決作文章時「意不稱物，文不逮意」而寫，在具體論述時，他常常是「文」（或「辭」）、「理」聯綴：

> 理扶質而立幹，文垂條而結繁。
> 或辭害而理比，或義順而辭妨。
> 或言拙而喻巧，或理樸而辭輕。
> 伊茲文之所用，固眾理之所因。

　　「理」即文之「質」。所謂「意不稱物」就是一己之「意」未能達事物之理，或許就是後來劉勰所説的「或理在方寸而求之域表，或義在咫尺而思隔山河」（《文心雕龍》〈神思〉）。作家們重視事理，又以一己之「意」去涵詠事物之理，而不再使用道的概念。羅根澤先生曾正確地指出：

　　「理」已不似「道」的嚴格，「意」更較「理」更為遊移；可以包括嚴格之「道」，也可以包括微溫之情。[4]

　　按照前已述及的「文」「筆」之分，「理」應當是屬於「筆」體文學之「質」，但也不能排除「文」體文學中「理」溶於「情」化於「意」的因素，而所謂「志」，更有一定的理念在。劉勰在《文心雕龍》是總論文筆的，全書各篇，「理」字出現的頻率相當高，所述之理，大致有三類：一曰「神理」，二曰「名理」，三曰「情理」。所謂「神理」，實即他在〈原道〉篇所說的「自然之道」，是一切自然現象後面內含不露的、神秘的道理，相似於前所說的「事理」或「物理」[5]，他說，從伏羲到孔子都是「原道心以敷章，研神理而設教」。他還將「五色」「五音」「五情」都視為「神理之數」（《文心雕龍》〈情采〉）；將對偶之句也看作「神理為用，事不孤立」。這些都可證「神理」即是事理，事理因其是事物自身的條理、規律之概括性表述，因此它帶有理性成分，但又完全脫離感性具體。所謂「名理」，魏晉玄學家稱為「玄理」，那是完全抽象的概念，劉勰只在《文心雕龍》〈論說〉之「論」中談到它：「論也者，彌綸群言，而研精一理者也。是以莊周《齊物》，以論為名；不韋《春秋》，六論昭列；至石渠論藝，白虎講聚；述聖通經，論家之正體也。……魏之初霸，術兼名法，傅嘏王粲，校練名理。迄至正始，務欲守文；何晏之徒，始盛玄論。」這種「名理」「玄論」，純屬哲學家的思辨產物，它只強調「理形於言」，文采不是它所追求的。所謂「情理」，實承「神理」而來，作家欲表現天地萬物之「神理」，由於有

4　　《中國文學批評史》第1冊，上海古籍出版社1984年版。

5　　三國時東吳哲學家楊泉，寫了一篇探討天地萬物的形成與變化、月亮盈虧與潮汐關係、人的生死與形神存滅等問題的文章，題目就是《物理論》。

主體情感的介入，自然之道之「神理」，便轉化為他作品中的「情理」，
《文心雕龍》〈神思〉篇所說「神用象通，情變所孕，物以貌求，心以
理應」，大致可以概括客觀事物之「神理」向作家心中之「情理」轉化
的過程。「情理」是追求文采美的作家（也包括「善銓事理」的「筆」
體文學作家）所以為「質」的：「情理設位，文採行乎其中」。

　　由「道」而「理」，並且強調以「理」為「質」，更為北朝文人所
崇尚，北齊著名文學家顏之推，在他的《顏氏家訓》〈文章〉篇中所言
是有代表性的：

　　文章當以理致為心胸，氣調為筋骨，事義為皮膚，華麗為冠冕。
今世相承，趨末棄本，率多浮豔。辭與理競，辭勝而理伏；事與才
爭，事繁而才損。

　　雖然他推重的是「理致」，但沒有回到「嚴格之道」去，這從此篇
中又推重詩人王籍《入若耶溪》可以看出，他讚揚「蟬噪林逾靜，鳥
鳴山更幽」的描寫為「文外獨絕，物無異議」，並引《詩經》中的名句
類比：「『蕭蕭馬鳴，悠悠旆旌。』《毛傳》曰：『言不喧嘩也。』吾每
歎此解有情致，籍詩生於此意耳。」可見他的「理致」不排斥「情致」，
於「情理」可以相通。

　　再談談由「志」而「情」融合為「意」的走向。

　　「情質」說自出現在屈原的作品中，由於沒有上升為理論形態，雖
然引起了司馬遷等漢代作家的注意，但又被「露才揚己」的批評所壓
抑。《毛詩序》有「發乎情」之說，又被「止乎禮義」所限制。作為具
有審美價值的文學作品，終究要以表現人的情感為主要特徵，才能引
起讀者的情感反應。王逸說，凡是讀過《離騷》的人，「莫不慕其清

高，嘉其文采，哀其不遇，而潛其志焉」。「慕」「嘉」「哀」「潛」，都是讀者動情的表現。

曹丕提出「文以氣為主」，一篇作品的氣勢、聲調、語言，對於不同文體獨特的處理方式，都與作家的個性、思想、情感素質相關，所謂徐幹「時有齊氣」、應瑒「和而不壯」、劉楨「壯而不密」、孔融「體氣高妙」都突出了各人氣質、個性中的情感狀態。陸機的《文賦》一開始就強調作文之由，不外兩途，一感於物，一本於學。感物是「情動」的過程：「遵四時以歎逝，瞻萬物而思紛，悲落葉於勁秋，喜柔條於芳春。」作文構思之時則是「情瞳曨而彌鮮，物昭晰而互進」。對於「情」在文學創作中的重要性，從曹丕到陸機就有了高度自覺的認識，陸機又從「詩賦欲麗」而鑄出「詩緣情而綺靡」這一新語，更震動了儒家思想統治了千年的文壇。他並不是有意以「詩緣情」與「詩言志」對抗，他只是想強調：詩，欲「麗」，則須有「綺靡」的文采，須憑詩人熱烈的情感，而不僅是憑冷靜之「志」。

在一個統治階級思想剛剛開始轉變的社會環境裡，曹丕竭力標舉「文章，經國之大業，不朽之盛事」，文學創作的功利目的尚不能忽視，光講「情」又好像不那麼穩妥，折中的辦法是將「情」與「志」並提，合為「情志」一詞。這也自《文賦》「頤情志於典墳」始，接著有：

> 夫詩以情志為本。（摯虞《文章流別論》）
> 常謂情志所托，以意為主。（范曄《獄中與諸甥姪書》）
> 言稱物而情志暢。（《歐陽建《言盡意論》）
> ……自茲以降，情志愈廣。（《宋書》〈靈運傳論〉）

　　「情志」比較「情質」，在創作實踐中可以更具體地把握了。「志」有指向性，有社會普遍性，所謂「詩言志」云云，「言」的常是「一國之志，天下之志」，而「情」，有著個人的氣質、才性特徵，並且是有感於外物而發的。這樣，「情」與「志」的融合，就使詩之質真正地「充實而光輝」了，「言志」說借此而進入到自覺文學的境界。

　　賦以及其他美感文學性較強的文體，也須有「情」，為了不與詩的審美特徵混淆，根據它們文體的特徵與作用，也鑄出了新詞，這就是將「情」與「義」並提為「情義」，將「情」與「理」並提為「情理」。……摯虞對賦，反複強調「以情義為主」：「賦者，敷陳之稱。……情義為主，則言省而文有例矣；事形為本，則言富而辭無常矣。」（《文章流別論》）但他所說的「義」，還強調「禮義」，就未免過於迂執了，若將「義」轉化為事物之義，那就更符合當時賦體文學創作的實際了。劉勰論賦，就只說「情以物興，故義必明雅」，其「義」即指通過情物交融而表現其事其物的內在之義，由「麗詞雅義」而實現「文雖新而有質」。

　　「情志」「情義」，還有前面我們談過的「情理」，共同作為六朝美感文學之「質」，可以用一個什麼更簡潔的詞，把它們概括起來呢？六朝文學家的選擇比較一致，那就是用「意」。「意」的包容性比較廣，涵蓋面比較大，大凡人的一切心理活動的內容都可涵括其中。「志」「情」「理」，都是在人的意識中產生而有不同的表達方式，「情」是意之動，「志」是有「主向」的情，亦即是一種有目標的「意向」（朱熹云：「情是性之發，情是發出恁地，意是主張要恁地」，「情是動處，意是主向」，「志者，心之所之」。參見《朱子語類》）同時，人之「性」與「氣」是人的「意」之本，也貫通「情」與「志」，如劉勰所說，「氣以實志，志以定言，吐納英華，莫非情性」（《文心雕龍》〈體性〉）。

至於「理」，則是人的意識活動不斷深化，達到了對事物本質的認識，對事物的規律與條理之把握，不再僅僅是感性的「情」，也不只是有實踐指向的「志」，而是形成了抽象的思想或概念，「乃百慮之筌蹄，萬事之權衡」（劉勰語）。

賦詩作文，作者創作的動機，就是表達心中所欲抒發之情，所需陳述之志，所悟到的事物之理，概而言之，就是「達意」。陸機的《文賦》最先論述了創作過程中「物」「意」「言」三者的關係。他對於「意」之所涵，有時突出其中之「理」，「意」即「理」，「理」即「意」（前已引例），這是因為《文賦》不只談詩、賦創作，還須顧及論說奏議之類的文體。但不少直接用「意」之處，則與「緣情」相默契：

> 辭程才以效伎，意司契而為匠。
> 其會意也尚巧，其遣言也貴妍。
> 心牢落而無偶，意徘徊而不能揥。
> 或竭情而多悔，或率意而寡尤。

郭紹虞先生曾撰專文《論陸機〈文賦〉之所謂「意」》，指出其「意」可作三種解釋：第一種，「意義之意」，「指每一個詞或每一句所表達之意」；第二種，是「通過構思所形成之『意』」，即作家由於構思的作用，把外在的語言文字轉化為充滿情感的內心語言，所表達的也就成為自己的思想；第三種，「指結合思想傾向的『意』，當然也是指所謂思想內容，但似乎更重在作品所起的作用，因為這是可以看出作者的思想傾向的」。[6]《文賦》中凡用「意」之處，大致如此，「充滿

6　《文學評論》1961年第4期。

情感的內心語言」則涵「情」，表達「思想傾向」則涵「志」與「理」。

　　與《文賦》相似，劉勰的《文心雕龍》中，對於「意」之用有標新之功，在〈神思〉以下創作論諸篇，單獨用「意」處不少，〈物色〉篇中，明確地揭示「意」就是情感性強烈的心理活動：「一葉且或迎意，蟲聲有足引心」，說的是觸景生情。在進行創作時，作家要「洞曉情變，曲昭文體，然後能孚甲新意」（〈風骨〉篇），深通寫作之道的，就能「以意新得巧」（〈定勢〉篇）。下面兩條更值得注意：

　　善刪者字去而意留，善敷者辭殊而意顯。（〈熔裁〉篇）

　　隱也者，文外之重旨者也；……隱以復意為工，……夫隱之為體，義生文外，秘響傍通，伏采潛發，譬爻象之變互體，川瀆之韞珠玉也。（〈隱秀〉篇）

　　《周易》曾提及「書不盡言，言不盡意」，語言有限，難以表達盡客觀對象的精旨奧義，劉勰超越此說，提倡作文應該使意蘊含蓄於中，不必言盡，憑藉精練而富有表現力的文字，收到「義生文外」的效果。這種「意」，必定具有更深厚的情感性內容，不像「理形於言，絞理成論」（《文心雕龍》〈論說〉）的論說文章中之「理」。講究內蘊的含蓄，使「意」在美感文學領域內有了不可取代的地位，獲得了新的質的規定性。

　　結束兩種走向在「理」的問題上的交叉，在論及「文」體文學諸種文體的「文」「質」關係時，高揚起「意」與「理」分道的旗幟的，要推還早於劉勰的范曄，他在《獄中與諸甥侄書》中寫道：

文患其事盡於形，情急於藻，義牽其旨，韻移其意。雖時有能者，大較多不免此累；政可類工巧圖繢，竟無得也。常謂情志所托，故當以意為主，以文傳意。以意為主，則其旨必見；以文傳意，則其詞不流；然後抽其芬芳，振其金石耳。

「以意為主」，是一次概念的清理。「意」是文之本，「情」「志」皆托於它；它也沒有完全排斥「理」「其旨必見」，「理」已化於「意」中，他還說：「此中情性旨趣，千條百品，屈曲有成理。」這樣，「意」便成一個包容性很廣的文學觀念，有了「遊移」的餘地。「情志」「理」，在「意」之中互相滲透了，融合了，這使作家揮筆時不必拘於「理」的挾制而依自己本意自由發揮。

徹底完成「意」在文學領域內實現轉化的，是稍後於劉勰的鍾嶸，他的《詩品》是專門論詩、品詩的。他從詩是「吟詠情性」這一基本觀點出發，論及詩的思想內容時，完全言「意」而避言「理」，並且著眼於「意」的廣、深、遠而至「意有餘」：

夫四言，文約意廣，取效風騷，便可多得。每苦文繁而意少，故世罕習焉。五言居文詞之要，是眾作之有滋味者也，故云會於流俗，豈不以指事造形，窮情寫物，最為詳切者邪？故詩有三義焉：一曰興，二曰比，三曰賦。文已盡而意有餘，興也；因物喻志，比也；直書其事，寓言寫物，賦也。宏斯三義，酌而用之，幹之以風力，潤之以丹采，使味之者無極，聞之者動心，是詩之至也。若專用比、興，患在意深，意深則詞躓。若但用賦體，患在意浮，意浮則文散，嬉成流移，文無止泊，有蕪漫之累矣。（《詩品序》）

　　他不再強調「言志」，完全是循「緣情」而發的路子，他將「有滋味」「窮情寫物」「文已盡而意有餘」作為詩的重要審美標準而確定下來。他評《古詩》是「文溫以麗，意悲而遠」；評顏延之的詩是「情喻淵深，動無虛散，一字一句，皆致意焉」；評阮籍的《詠懷詩》是「言在耳目之內，情寄八荒之表。……厥旨淵放，歸趣難求」，等等。仔細檢閱《詩品》全書還可發現，只有兩處出現「理」字，並且都是批評性的。第一處是批評永嘉時代的大講玄理的「玄言」詩，「理過其辭，淡乎寡味」。第二處是說任昉作文「善銓事理」，批評他作詩也「動輒用事」，不能融事理於情趣之中。還須特別指出的是，鍾嶸比劉勰所說的「復意」「義生文外」，更為準確明白、更為爽捷了當地推出「文已盡而意有餘」這一美感文學新觀念（後來的文論家稍異數位云「言有盡有意無窮」），說的是言者有「意」大可不必言盡，主動把握能言、該言的限度，儘量給讀者留下自由想像、自由發揮的空間（後人所說「用意十分，下語三分」也），言者有興猶未盡的愉悦，讀者則有餘味無窮的感受，這樣，創作者與鑒賞者都從「言盡意止」的審美局促轉化為「片言明百意」的審美自由，從言所盡處拓展情意悠悠的廣宇……。這就是「意」在文學領域實現的一次偉大的飛躍。

　　由「言志」「緣情」而至「情志」「情義」「情理」，最後融合為「意」，文學的「質」的演化終於一步步完成了，中國古典美學中一個重要的範疇——「意境」，即將出現。

第三節　形文・聲文・情文

　　在魏晉六朝，「文」的含義已不限於「質」「文」對舉之「文」，它還是各種文體的總稱，或是文章的簡稱。與「質」對舉的「文」，有

了新的提法和新的表述。常見的或曰「麗」，或曰「采」。「質」「文」關係也具體到「意」與「言」的關係。語言是文學的第一要素，六朝文人對此很自覺，語言形式之美是他們「造文」最主要的審美追求。《文心雕龍》中的〈情采〉篇，是魏晉以來文論中一篇綱領性的文質論（他批評應瑒《文質論》「華而疏略」，陸機《文賦》「巧而碎亂」），他以「情」言「質」，以「采」言「文」，「情采」即「質文」，這種有特定涵義的文學新觀念的投入使用，使傳統觀念得以變革而不斷地豐富和發展。該篇開頭就說：

> 聖賢書辭，總稱「文章」，非采而何！夫水性虛而淪漪結，木體實而花萼振，文附質也。虎豹無文，則鞟同犬羊；犀兕有皮，而色資丹漆，質待文也。

顯然，劉勰是繼承了孔子「文質彬彬」的「文質」觀，但是，又與他前後時代的文人一道，大大發展了這一「文質」觀。「質」的觀念演化已如前述。〈情采〉篇裡，劉勰將「采」歸納為三種：

> 故立文之道，其理有三：一曰形文，五色是也；二曰聲文，五音是也；三曰情文，五性是也。五色雜而成黼黻，五音比而成《韶》《夏》，五情發而為辭章，神理之數也。

三「文」皆屬形式、語言、內容的審美範疇，他總結了自魏晉至齊梁的文人們在創作與鑒賞兩方面不斷出新的審美經驗，才有如此明白的論斷。現在，讓我們對那個文學自覺時代，三「文」不斷發展著的審美形態，分別考察一下。

一、形文

按劉勰的定義，「五色雜而成黼黻」是「形文」，可否這樣說：「形文」，就是文學語言的色彩美，由此而造成審美感覺中的繪畫美。形成這種美的形態，一在於語言的本身，二在於語言組合後所產生的感性效果。

中國的方塊漢字中，有的文字只表現某種概念，有的文字則直接表現某些具體事物，按許慎《說文解字序》中所述「六書」，前三類是「指事」「象形」「形聲」，是表述具體事物並可表現其形象與聲音的，而後三類即「會意」「轉注」「假借」則轉向抽象，多為表現各種概念之用了。前三類文字，絕大多數因「象形」「形聲」，本身就具有了一種美感，因此，便為進行美感文學創作的詩人作家所運用，「言語之體貌，而文章之宅宇也」。

自漢以來，文學家們選字用詞都講究「麗」，「麗」在《楚辭》中就已有「華麗」「美麗」之義[7]。揚雄說「詩人之賦麗以則，辭人之賦麗以淫」，可見他不反對賦使用華麗的詞藻。「麗」在魏晉以來，更作為語言文字之美的一個定詞。曹丕說「詩賦欲麗」，是只從形式美而言的；陸機說「嘉麗藻之彬彬」，「藻思綺合，清麗芊眠」，左思說「侈言無驗，雖麗非經」，無不是指詞藻之文采。稍晚於陸機的葛洪，他對文章須講究詞藻之「麗」，表現出更大的興趣，直言主張「雕飾」之美。《抱朴子》〈勖學〉云：

> 雖云色白，匪染弗麗；雖云味甘，匪和弗美。故瑤華不琢，則耀夜之景不發；丹青不冶，則純鉤之勁不就。

7　如《招魂》：「被文服纖，麗而不奇兮」；《登徒子好色賦》：「玉為人體貌閑麗」。

他認為「眾色乖而皆麗」，一個好的作家，應該「能挺逸麗於筆端」，他寫出的作品「繁華暐曄，則並七曜以高麗」。

「麗」還只是一個審美的概念，它在作品中怎樣具體地表現出來呢？陸機用了「綺靡」兩個字來描述它，這個詞的真正意義，歷來爭論很多，我們只得從《文賦》本文中去尋求解釋，有幾句話，我以為可作「綺靡」之解：

> 其會意也尚巧，其遣言也貴妍，暨音聲之反覆運算，若五色之相宣。

> 或藻思綺合，清麗芊眠。炳若縟繡，淒若繁弦。

「綺」為錦繡之質，有彩色相宣、煙霞交映之美。作家運用文辭如織錦繡，那就文采靡曼，美不勝收了。從審美鑒賞角度來說，「綺靡」有視覺美，也有聽覺美，已如以上引文所示。後來，梁元帝蕭繹在《金樓子》〈立言〉篇中將它分開來說，喻辭藻文采繁富為「綺縠紛披」，說音節動聽為「宮徵靡曼」。至於劉勰，將「綺」與「麗」合用，還追溯到先秦諸子：

> 莊周云「辯雕萬物」，謂藻飾也。韓非云「豔采辯說」，謂綺麗也。綺麗以豔說，藻飾以辯雕，文辭之變，於斯極矣。（《文心雕龍》〈情采〉）

「綺麗」已成為魏晉六朝文辭之特徵，南朝那些為藝術而藝術的文人似乎為此而自豪，但也成為後人批評的焦點之一。連李白早期寫的

《古風》詩也説：「自從建安來，綺麗不足珍。」

綺麗的文辭，因為它首先要給讀者呈示一種視覺的美，所以作家就要精心選擇那些善於指事象形的文字，賦予文辭組合之後有可感的形象性。葛洪説得好：「眼不見則美不入神」（《抱朴子》〈擢才〉），又説，「妍姿媚貌，形色不齊，而悦情可均」（《抱朴子》〈博喻〉），使用綺麗的詞藻而呈示出「妍姿媚貌」才是「形文」的要義真諦，用今天的話來説，就是文學語言的形象性要求。説六朝文人由「詩賦欲麗」而走向文學的自覺，他們將形象之美作為文采之美的要素之一，則是「自覺」的又一標誌。

陸機提出「緣情」的同時，也提出了「體物」：「賦體物而瀏亮」。其他如「籠天地於形內，挫萬物於筆端」，「體有萬殊，物無一量，紛紜揮霍，形難為狀。辭程才以效伎，意司契而為匠，在有無而僶俛，當淺深而不讓。雖離方而遁圓，期窮形而盡相」，都是講如何組織好文辭狀形體物。自陸機之後南北朝的作家對於文學語言的形象性特徵，有了一個更簡潔的提法，那就是「形似之言」。它首見於沈約的《宋書》〈謝靈運傳論〉，僅有一句：「相如巧為形似之言。」辭賦重在體物，司馬相如在他作品中對各種事物的描寫，無不形象逼肖，所以沈約有此評價。「形似之言」恰恰也是六朝文人所共同追求的。已經由賦及詩，及其他有審美價值的散文（乃至書信，如陶弘景《答謝中書書》之寫風景），晉之張協，其詩就因「巧構形似之言」而引人注目，南朝之謝靈運、鮑照、何遜等人的詩，都以「尚巧似」「善制狀物之詞」「多形似之言」得到鍾嶸與顏之推的稱讚。鍾嶸更認為，五言詩之所以「有滋味」，就是「指事造形，窮情寫物，最為詳切」。正如劉勰所説「自近代以來，文貴形似」。《文心雕龍》中的〈物色〉篇，正是論述詩人如何從自然之色創造出「五色雜而成黼黻」的文采，如何創造「形似」

之文。

文學語言的形象性獲得，來自審美主體對審美對象的感應。「春秋代序，陰陽慘舒；物色之動，心亦搖焉。」（《文心雕龍》〈物色〉）當他進入創作過程，就會「流連萬象之際，沉吟視聽之區」，下筆「寫氣圖貌」，要隨著景物的曲折變化而變化，行文「屬采附聲」，要與自己心靈的感受相照應。接著，他列舉了《詩經》中一系列形象描寫的妙句：「『灼灼』狀桃花之鮮，『依依』盡楊柳之貌，『杲杲』為日出之容，『瀌瀌』擬雨雪之狀，『喈喈』逐黃鳥之聲，『喓喓』學草蟲之韻。」（《文心雕龍》〈物色〉）對自然景色的描寫，用字要善於「以少總多」，以至達到「情貌無遺」；遣詞要善於體現自然色彩的豐富變化：「凡摛表五色，貴在時見，若青黃屢出，則繁而不珍。」劉勰也反對有些漢賦作家「詭勢瑰聲，模山范水，字必魚貫」，以至造成「麗淫而繁句」的毛病，接著他聯繫當時的創作指出：

> 自近代以來，文貴形似，窺情風景之上，鑽貌草木之中。吟詠所發，志惟深遠；體物為妙，功在密附。故巧言切狀，如印之印泥，不加雕削，而曲寫毫芥。故能瞻言而見貌，印字而知時也。（《文心雕龍》〈物色〉）

講了創造「形似之言」的要領，也反映了南朝文人在「貴形似」方面已達到的成就。但是任何事物的外部描寫都是可以窮盡的，如果一代又一代作家都是依葫蘆畫瓢，那就會陳陳相因，沿著前輩的老路子走，也就談不上富有個性的創造。「然物有恆姿，而思無定檢，或率爾造極，或精思愈疏。且《詩》《騷》所標，並據要害，故後進銳筆，怯於爭鋒」（《文心雕龍》〈物色〉），要適應客觀事物的不斷變化：要

取得超越古人的成就，要避免重犯漢賦作家相互之間多雷同的毛病，那就一要追求新穎的美，二要追求簡潔的美。追求新穎的美要善於「變」：

因方以借巧，即勢以會奇，善於適要，則雖舊彌新矣！（《文心雕龍》〈物色〉）

追求簡潔的美，關鍵還是以情遣物，「為情而造文」；並且觸物之情必須處於一種「虛靜」的狀態（《文心雕龍》〈神思〉有語：「陶鈞文思，貴在虛靜」）：

是以四序紛回，而入興貴閑；物色雖繁，而析辭尚簡；使味飄飄而輕舉，情曄曄而更新。（《文心雕龍》〈物色〉）

這兩條，可說是劉勰關於「形文」創造的兩項審美標準。整個《文心雕龍》〈物色〉篇，成為後來的「情景交融」說（或謂「移情於物」）的理論基礎。這兩項審美標準的共同原則是「物色盡而情有餘」。如此，「形文」才不至於成為一個華麗的外殼，而與「情文」互為表裡。

關於「形文」，在南朝文學中的新發展，還從景物描寫發展到了人物的描寫，這可能與魏晉以來，繪畫領域的人物畫與山水畫同時興盛有關。描寫人物，尤其是描寫女子的體態、情態與華美的服飾，是齊梁宮體詩的顯著特色，這種詩，被後人以「豔詩」目之。宮體詩的創始人之一，梁簡文帝蕭綱，他不但自己寫了《詠內人晝眠》之類表現女子睡態的作品，而且提倡、鼓勵別人亦如是作，新渝侯寄給他三首寫女子的詩，他對其人物描寫讚揚說：「雙鬢向光，風流已絕，九梁插

花，步搖為古。……復有影裡細腰，令與真類，鏡中好面，還將畫等。此皆性情卓絕，親致英奇。……手持口誦，喜荷交並也。」（《梁簡文帝集〉）這一類描寫，在當時已成為上層文人的一種風氣，由梁入陳的徐陵編了一部《玉臺新詠》，將齊梁以來絕大部分宮體詩收入其中，而在其《自序》中，特別對描寫女子、豔情的詩大力張揚，將當時宮廷女子歌舞之美、裝飾之美、體貌之美、才情之美，盡概括、轉述於序中，可謂空前罕見；他申明自己之「撰錄豔歌」，「曾無忝於雅頌，亦靡濫於風人，涇渭之間，若斯而已」。

這種「形似之言」的發展，自然是為「綺麗」文風推波助瀾。當這種「形文」與「聲文」配合，視覺之美與聽覺之美兼收，使南朝文學形式之美達到登峰造極的地步，後來的正統文人指責它「連篇累牘，不出月露之形；積案盈箱，惟是風雲之狀」（李諤《上隋文帝革文華書〉）。孰功孰過，當從文學發展的觀點去評量。

二、聲文

「聲文」之說起源最早，如果說《尚書》〈堯典〉中所謂「聲依永，律和聲」是後人偽造，那麼《左傳》中講的「和五聲」則是比較可靠的。晏子對齊侯說：「聲亦如味，一氣，二體，三類，四物，五聲，六律，七音，八風，九歌，以相成也。清濁、大小、短長、徐疾、哀樂、剛柔、遲速、高下、出入、周疏，以相濟也。君子聽之，以平其心。」（《左傳》〈昭公二十年〉）兩漢之前談「聲文」多指音樂作品，兩漢之時聯繫到詩歌語言，詩歌語言也需有音樂美，到魏晉南北朝則擴至一切文章都要有「聲韻」之美。陸機的《文賦》就說，好的文章是「文徽徽以溢目，音泠泠以盈耳」。

對於「聲文」之美的豐富與發展有所貢獻的，應首推南朝蕭齊時代曾做過高官（尚書令）的沈約。《南齊書》〈沈約傳〉云：「約撰四聲

譜，以為在昔詞人，累千載而不悟，而獨得胸衿，窮其妙旨，自謂入神之作。」雖然「四聲切韻」並不是沈約獨自發明的，據說是與他一同活躍于蕭齊永明年間的周顒「始著」，但沈約卻是在理論上首先闡明「聲律」說之重要。他在《謝靈運傳論》中，肯定了王褒、劉向、揚雄、班固、崔駰、蔡邕之徒「情志愈廣」之後，指出他們「雖清辭麗曲，時發乎篇；而蕪音累氣，固亦多矣」。沈約將詩賦文章的音韻之美，列為審美標準之一：

若夫敷衽論心，商榷前藻，工拙之數，如有可言：夫五色相宣，八音協暢，由乎玄黃律呂，各適物宜，欲使宮羽相變，低昂互節，若前有浮聲，則後須切響。一簡之內，音韻盡殊；兩句之中，輕重悉異。妙達此旨，始可言文。（《宋書》〈謝靈運傳論〉）

這種聲律音韻之美，雖然在曹子建、王粲等前人某些篇章中已有自發的出現，但並不是有意為之。沈約自負地說：「自騷人以來，此秘未睹。」又說：「至於高言妙句，音韻天成，皆暗與理合，匪由思至。」這幾句話，引起了他的同代人陸厥的反對。

任何新生事物的出現都會遭到某些人的非議。周顒、沈約首推四聲說，不過借用音樂中宮、商、角、徵、羽，區別文字發音的平、上、去、入，使之作為書面語言，有抑揚頓挫的音讀效果。沈約在《答陸厥書》中說，聲律音韻之美，過去之所以被人忽視，「聖人不尚」，其原因是：「此蓋曲折聲韻之巧，無當於訓義，非聖哲立言之所急也。是以子雲譬之雕蟲篆刻，云壯夫不為。」他將聲律音韻比之於樂之五音宣暢：「若以文章之音韻，同弦管之聲曲，則美惡妍蚩，不得頓相乖反。譬由子野操曲，安得忽有闡緩失調之聲？」當然，「十字之文，顛

倒相配」，也不是隨意為之，玩文字遊戲，而要不違背自然音律，「天機啟則律呂自調，六情滯則音律頓舛也」，音律之美與人的情性也有著密切的關係。

沈約及其以後的追隨者，在音律說上花費了很大的精力，繼而又推出所謂「八病」說，那是對於音律有了更精細的追求，同時也就有了更多的避忌。羅根澤先生說：「沈約等所定的文學上的音律，分積極建設與消極避忌兩方面。積極建設的是四聲，消極避忌的是八病。」[8] 從積極方面來講，音律說確是為詩文辭賦的「聲文」之美做出了巨大的貢獻。劉勰的《文心雕龍》中，論述和涉及「聲文」的有四篇之多：〈聲律〉〈章句〉〈麗辭〉〈練字〉。他在〈聲律〉篇裡說，文章的聲律是「內聽」，而音樂的彈奏屬於「外聽」，「外聽之易，弦以手定；內聽之難，聲與心紛；可以數求，難以辭逐」。他沒有提到沈約的「四聲」說，但指出了所有的聲音都飛揚和下沉的兩種（通於平、上、去、入），音響有雙聲和疊韻兩種。揚、沉之音以及雙聲、疊韻處理不好，「聲文」之美盡失，好像人患了口吃病。他認為「聲文」與作家的氣質情性有著密切關係，亦是作家的審美修養深淺的表現：

是以聲畫妍蚩，寄在吟詠；吟詠滋味，流於字句；字句氣力，窮於和韻。異音相從謂之和，同聲相應謂之韻。韻氣一定，故餘聲易遣；和體抑揚，故遺響難契。屬筆易巧，選和至難；綴文難精，而作韻甚易。雖纖意曲變，非可縷言，然振其大綱，不出茲論。

他的〈章句〉篇繼續論及了有關「聲文」的一些細節如字數（音

8　《中國文學批評史》第1冊，上海古籍出版社1984年版。

節、音步）、換韻等問題。〈麗辭〉篇則研究了南朝出現的純文學的新文體——駢文中的對偶句創造的法則。

南朝文人推出「聲律」說，是對中國文學一個偉大的貢獻。「聲律」說的出現，說明中國古代語音學對漢語的物質外殼即聲音的構成和音與音之間結構變化的規律的理性認識，已初具規模。同時也表明南朝文人已有高度駕馭語言的技巧與能力，他們的語感能力已從日常實用或「達意而已」轉向了審美把握，並已初步發現了語音自身的審美價值。「言語者，文章神明樞機。」（《文心雕龍》〈聲律〉）「聲文」之美的追求，又是自曹丕提倡的「文學自覺」一個重要方面，因為文學是語言的藝術，這種藝術應作用於人的所有能夠審美的感官，繪畫與音樂主要作用於人的外視與外聽，語言藝術則主要作用於人的內視與內聽，只有使人的各種審美感官都能產生審美愉悅的文學，才是完美的文學。「聲律」說的出現，產生了南朝新文體。詩之「永明體」，散文之駢體，對六朝以後的詩和散文藝術的發展產生了深遠的影響。唐代的律體詩是唐詩藝術最有代表性的成就，也是人類詩歌藝術的奇葩，這不能忘卻南朝尚不成熟的格律詩開拓之功。當然，對於語言聲律過於精細的追求，以至忘記了「標情務遠」，也容易陷入形式主義的空框，鍾嶸很敏銳地指出了這一點：「士流景慕，務為精密，襞積細微，專相陵架。故使文多拘忌，傷其真美。」但客觀一點地說，即使當時確有淫靡之音的彌漫，這個責任也不能由「聲律」來負，應歸咎於那些沒有詩才、詩情而「終朝點綴，分夜呻吟」故作斯文的「膏腴子弟」（引語均見《詩品序》）。

三、情文

「情」本是作為「采」之質，劉勰為什麼還提出一個「情文」呢？「五情發而為辭章」，辭采美中最重要的是要有作家個人的感情色彩。

文采必須個性化，「文質附乎性情」（《文心雕龍》〈情采〉），是劉勰比他同時代的文學家更突出的卓見。一個作家的氣質個性，既決定他的作品有什麼樣的內容，也決定有什麼樣的文采。一切外物的形與聲，都須經過作家個人的獨特感受才能轉化為他的作品所呈現出來的「形文」與「聲文」。對於曹丕所說的「詩賦欲麗」，劉勰就進一步說：「辯麗本於情性。」（《文心雕龍》〈情采〉）離開作家情性而言「麗」，「麗」便只是一堆虛華浮豔的詞藻。在《文心雕龍》〈神思〉篇中又強調，一個作家只有在他的全部思想感情投入創作，並將他所積累的生活經驗、學識都調動起來，「然後使玄解之宰，尋聲律而定墨；獨照之匠，窺意象而運斤」，「形文」與「聲文」，都是憑藉作家自己獨特的審美體驗與審美感覺而發生的。

　　我們已知道，老子所尚的「質」之美就是「質」的真與善，舍此之外，不承認另有外飾的文采美。劉勰接受老子的「質美」觀點，但他不能無視客觀的、真實的文采美也存在。在《文心雕龍》〈徵聖〉篇裡說過：「精理為文，秀氣成采」，有本質之美的事物，必然有文采外溢。老子反對虛偽的文采，說「美言不信」，可是他的《道德經》「五千精妙，則非棄美矣」。劉勰之所以在〈情采〉篇中，以「情采」言「文質」，又特別提出一個「情文」，實即強調真、善之情的本色美。用一個比喻來說，「鉛黛」可以將一個女人打扮得很漂亮，可是她顧盼生情，撩人意緒，卻須依靠她天生麗質與自然的風姿。這就是說，本色美與修飾美一定要協調，先有「情文」方可言「形文」和「聲文」，「情文」是三「文」之綱。鑒於此，劉勰提出兩項重要原則。

　　一是，「情者，文之經；辭者，理之緯。經正而後緯成，理定而後辭暢，此立文之本源也」。這是要擺正「情」「理」「辭」「文」的關係，沒有「情」，如織物沒有經線，用以表現意義的言辭便無法組織起來。

只有先將「情」理順了，言語辭令才能有序地組織起來，「聯辭結采，將欲明經」[9]，使「情文」之美與「形文」「聲文」之美相互輝映。在《文心雕龍》〈定勢〉篇還有兩句話可補充上說：「繪事圖色，文辭盡情，色糅而犬馬殊形，情交而雅俗異勢。」有無「情文」之美，是鑒別一篇作品優劣、雅俗的重要標準。

二是，「為情而造文」，反對「為文而造情」。我們且不管劉勰在此也有貴遠賤近的傾向，他指出「為情者，要約而寫真」，「為文者，淫麗而煩濫」是符合兩種創作態度的實際情況的。有的作家不是「體情」而寫作，不是「緣情而綺靡」，而是追逐種種時髦的文風，結果，「采濫忽真」，將最重要的「情文」喪失了。有的人則熱衷於高官厚祿，卻空泛地歌唱田園隱居的生活，「心纏幾務而虛述人外，真宰弗存，翩其反矣！」這更是「男子樹蘭而不芳，無其情也」。總之，「為情而造文」，才會有真正華而美的文采；「為文而造情」，徒有聲色而已。

劉勰提出「情文」，對於純文學的發展有著重大的意義，沒有人情之美，便沒有美感的文學；區別純文學與雜文學，根本準則也在於有情無情，而不只在「形文」和「聲文」。當然，這對劉勰本人來說還只是自發的認識，因為他還把「聖賢書辭」視為三「文」的典範。而在蕭統、蕭繹、蕭子顯那裡就表現得更自覺了。蕭統編《文選》對「聖賢書辭」都予以「略諸」，只選「能文為本」的作品。「能文」的特徵是「綜輯辭采」，「錯比文華」，「事出於沉思，義歸乎翰藻」。在前已提及的蕭繹《金樓子》〈立言〉中說：「至於文者，惟須綺縠紛披，宮徵靡曼，唇吻遒會，情靈搖盪」，概括了美感文學辭采、聲律、感情三

9　沈約《宋書》〈謝靈運傳論〉已有類似提法：「以情緯文，以文披質。」

要素。蕭子顯則在《南齊書》〈文學傳論〉中，闡述美感文學的性質，完全在於表現作家個人的性情：

> 文章者，蓋情性之風標，神明之律呂也。蘊思含毫，遊心內運，放言落紙，氣韻天成，莫不稟以生靈，遷乎愛嗜，機見殊門，賞悟紛雜。

由「質」「文」對舉之「文」，而發明「形文」「聲文」「情文」，由此而確定了美感文學的性質與特徵，這是六朝文學家以接力的方式，共同建立起來的一座豐碑。

第四節 「文」「質」結合的新範疇

「情采」，是「文」「質」關係一種替換性提法，這種提法更適應於美感文學。就廣義的文學來說，從漢至魏、晉再至南北朝，傳統的「文」「質」關係在不斷發生變化，逐漸形成「文」「質」結合的新範疇。沈約的〈謝靈運傳論〉中，已初步揭示了「文」「質」關係不斷變化的跡象：「自漢至魏，四百餘年，辭人才子，文體三變：相如巧為形似之言，班固長於情理之說，子建、仲宣以氣質為體，並標能擅美，獨映當時。」自魏之後，或偏於「文」，或重於「質」，各有變化。有時如潘岳、陸機之輩，「律異班、賈，體變曹、王，縟旨星稠，繁文綺合」。有時又如玄學之流，「寄言上德，托意玄珠，遒麗之辭，無聞焉爾」。他認為到了南朝，謝靈運講究「興會標舉」，顏延年追求「體裁明密」，文壇又出現了新氣象。

我們從魏晉以來關於「質」的演化狀況可以看到，從「道」向

「理」的走向也好，由「志」而「情」又融合為「意」的走向也好；兩種走向都指向人的內心世界，從大自然、國家、社會的外宇宙，走向人的內宇宙，人的「氣」「情」「才」「性」進入了詩賦文章之「質」的範疇，文學理論家們討論「文」「質」關係，實質上就在討論人與文之關係。劉勰在《文心雕龍》的〈情采〉篇之前，寫了〈體性〉篇與〈風骨〉篇，已經開拓了「文」「質」結合的新範疇。

〈體性〉篇論述文體與作家情性的關係，〈風骨〉篇論述文意與文辭的關係，可說一從相對宏觀的角度，一從相對微觀的角度，觀照了新範疇的結構。

〈體性〉篇開篇就說：「夫情動而言形，理髮而文見，蓋沿隱以至顯，因內而符外者也。」揭示了言辭之「文」實際上是由內而外生成的，不是由外而內附加的。由內而外的生成，首先取決於作家的「氣」「才」「情」「性」：「才有庸俊，氣有剛柔，學有淺深，習有雅鄭，並情性所鑠，陶染所凝，是以筆區雲譎，文苑波詭者矣。」才與氣有先天的基礎，學與習則是後天所成，因此，一個作家擅長什麼樣的文體，作品呈現何種風格，作品內容開掘的深淺，辭采表現的或妍或蚩，都是一個作家先天氣質、後天修養的綜合表現，每個作家的作品，都是「各師成心，其異如面」。劉勰開列了「典雅」「遠奧」「精約」「顯附」「繁縟」「壯麗」「新奇」「輕靡」八種風格樣式，指出八種風格的內變外化，可以靠各人的才能與學力去實現。但是，「才力居中，肇自血氣，氣為實志，志以定言，吐納英華，莫非情性」。所以，作家的氣質情性，就是他的作品所呈現何種風格樣式的靈魂。他舉例說：

賈生俊發，故文潔而體清；長卿傲誕，故理侈而辭溢；子雲沉寂，故志隱而味深；子政簡易，故趣昭而事博；孟堅雅懿，故裁密而

思靡；平子淹通，故慮周而藻密；仲宣躁銳，故穎出而才果；公幹氣褊，故言壯而情駭；嗣宗俶儻，故響逸而調遠；叔夜俊俠，故興高而采烈；安仁輕敏，故鋒發而韻流；士衡矜重，故情繁而辭隱。觸類以推，表裡必符。

有其人必有其文，每個作家的作品其審美價值的高低，文采的優劣，都與他的個性品格與審美修養有密切關係。按劉勰的審美標準，他對十二位作家有褒有貶，比如他反對「言隱榮華」，司馬相如是「理侈而辭溢」，那是他品性「傲誕」所致。他主張「為情者要約而寫真」，可是陸機「情繁而辭隱」，那是他性格「矜重」之故。

如果說，〈體性〉篇是從個人與文體結合上描述一種新的「文」「質」關係，那麼〈風骨〉篇就是深入到具體的作品，展示一種更具體的「文」「質」結合之狀，從而作出頗有新意的表述。

劉勰將作家的「情」與「氣」概稱為「風」，「辭」與「體」合說為「骨」（「情與氣偕，辭共體並」），若簡言之，則如黃侃所說：「風即文意，骨即文辭。」[10]一篇文章之體，首先是由「辭」組合結構而成的，而「辭」選擇與確定，又受著作文章之人「氣」與「情」的影響。「氣」「情」與「辭」「體」是一種怎樣的邏輯關係呢？他說：

怊悵述情，必始乎風；沉吟鋪辭，莫先於骨。故辭之待骨，如體之樹骸；情之含風，猶形之包氣。結言端直，則文骨成焉；意氣駿爽，則文風清焉。（〈風骨〉篇）

10 轉引自范文瀾《文心雕龍注》〈風骨〉注一。

　　劉勰接過曹丕「文以氣為主」的命題進行發揮。「氣」是比較穩定的精神因素，它決定一個人的氣質個性；「情」是一種活躍的精神因素，它敏於對外界事物作出各種反應（喜、怒、哀、樂）。「氣」是「情」之本，「情」是「氣」之動，「氣」貫於「情」而流動運行，便如不同季節之風，「陰陽慘舒」各不相同，與外界事物接觸，便會生髮不同的情緒和意蘊。從作文來說，是「氣」貫於「情」，「情」貫於「辭」，「氣」「情」「辭」依次貫通；「氣」與「情」即「風」，浸入「辭」轉化為「辭」之「骨」，「辭」有「骨」，文之「體」乃成。整個過程可否用這樣一句話來概括：作家的氣質與情性通過文辭，物件化實現於某一文體。

　　「風骨」之說，是「質」「文」融合無間之狀更為精密的表述，任何一種文體的文采都生於「風骨」「若豐藻克贍，風骨不飛，則振采失鮮，負聲無力」。就是說，沒有「風骨」的「形文」和「聲文」，都會失去審美價值。劉勰將「情」視為「辭」之「骨」，又是他比前輩理論家更高明的地方，文辭之美首先須察其是否為有情之語，這也是為什麼他又提出一個「情文」的新觀念。「情文」提出的根據也在此：

　　練於骨者，析辭必精；深乎風者，述情必顯。捶字堅而難移，結響凝而不滯，此風骨之力也。（〈風骨〉篇）

　　可見「情」既作為「質」，又是「質」之中一種能動的因素，對文辭有何等密切的關係。

　　任何一種文體的物質結構，都是由文辭來完成，曹丕早說過，「文非一體，鮮能備善」（《典論》〈論文〉），但當作家採用他感興趣的文體來寫作，使自己的氣質情性有物件化實現的效果，那他就必須求

「善」，必須實現內容與形式的完美結合：「洞曉情變，曲昭文體，然後能孚甲新意，雕畫奇辭。」他能明察文體的要領，就能做到「意新而不亂」；洞曉自己感情的變化，就能做到「辭奇而不黷」，而「骨采未圓，風辭未練，而跨略舊規，馳騖新作，雖獲巧意，危敗亦多。豈空結奇字，紕繆而成經矣？」（〈風骨〉篇）總之，一切又都在文體之中觀其優劣。

「風骨」，將「質」「文」「辭」「體」融為一個審美觀念，並對「風」與「骨」的涵義作了具有文學理論意義的闡釋，是劉勰的功勞。但我們也要注意到，作為「文」「質」結合新範疇的「風骨」說，如前章所述實際在劉勰之前，就已經出現於繪畫領域，和玄學清淡的人物品評之中。東晉畫家顧愷之評畫，已用「有奇骨而兼美好」「骨趣甚奇」等語；南齊畫家謝赫的《論繪圖六法》中，一是「氣韻，生動是也」，二是「骨法，用筆是也」，都可說是「風骨」說的雛形。《世說新語》記錄了不少魏晉以來社交界對文人雅士進行品評的新語，如評嵇康「身長七尺八寸，風姿特秀」，評阮籍之子阮渾「風韻氣度似父」，評李元禮「風格秀整」，評韓康伯「將肘無風骨」，等等。所謂「風姿」「風韻」「風格」「風骨」，實屬「文質彬彬」種種新的表現神態與形態，也是在逐步確定對「文質彬彬」有認同又標異的新的審美範疇。

魏晉南北朝三百六十餘年間，「文」「質」觀念不斷向有利於純文學發展、繁榮的方向發生變化，又推出更具美學意義的「文」「質」結合新範疇，整個時代，都不愧稱為文學的自覺，並且自覺程度愈來愈高、愈來愈成熟的時代。時代變了，這個時代的統治思想變了（儒家思想暫退），人們的審美觀念變了，「文」「質」觀念也不得不變。六朝不少文學家的卓識遠見，就表現於他們不怕變、承認變，並且以自己的創作與理論催「變」。沈約充分肯定自漢至魏四百年間「辭人才

子，文體三變」，劉勰更詳細論述了自唐、虞至南齊的文學「蔚映十代，辭采九變」，指出「文變染乎世情，興廢系乎時序」，因此，「質文沿時，崇替在選」（均見《文心雕龍》〈時序〉）。當時，就連文風比較保守的北朝文人，也承認這種變的必然性，北齊的魏收在《魏書》〈文苑傳序〉中說：「夫文之為用，其來日久。自昔聖達之作，賢哲之書，莫不統理成章，蘊氣標緻。其廣流變，諸非一貫，文質推移，與時俱化。」這種「質文代變」的本身，體現了時代的進步；新質更替舊質，便是對舊質的超越，又如蕭統所說：「椎輪為大輅之始，大輅寧有椎輪之質？增冰為積水所成，積水曾微增冰之凜，何哉？蓋踵其事而增華，變其本而加厲。物既有之，文亦宜然；隨時變改，難可詳悉。」（〈文選序〉）但從中國文學發展歷程來看，六朝之變，還只是變之始，它不過是為中國文學格局的大變化、大繁榮，提供了若干理論的準備和創作實踐的啟示。

第六章

「文質」論在詩、文領域之分途

　　在中國，儒家思想終究是強大的，魏晉與南朝，儒學一度跌落，當宋、齊、梁、陳相繼淪亡，統一了全國的隋王朝建立，謀臣們總結舊王朝滅亡的教訓，第一個視點便是前代君臣未行「先王之道」。隋初治書侍禦史李諤《上隋高帝革文華書》開頭便說：「臣聞古先哲王之化民也，必變其視聽，防其嗜欲，塞其邪放之心，示以淳和之路。」他把前朝覆亡的主要原因歸咎於「文筆日繁，為政日亂」。「繁」之程度如何？他以「三曹」為始作俑者，其後每況愈下：

　　魏之三祖，更尚文詞，忽君人之大道，好雕蟲之小藝。下之從上，有同影響，競騁文華，遂成風俗。江左齊梁，其弊彌盛，貴賤賢愚，惟務吟詠。遂複遺理存異，尋虛逐微，競一韻之奇，爭一字之巧。連篇累牘，不出月露之形；積案盈籍，惟是風雲之狀。

　　至於「亂」，那就是「世俗以此相高，朝廷據茲擢士。祿利之路既開，愛尚之情愈篤。……」李諤由南朝「文風淫靡」這一特定歷史時期的文學現象，推而廣之反對一切美感文學，認為這是「棄大聖之軌模，構無用以為用也」。自然由此而大力標榜「經國之大業」的理知文學，載道文學。被稱為「隋末大儒」的王通，將南朝以來為「文」的文人，幾乎全部罵倒：謝靈運、沈約都是「小人」，「其文傲」或「其文冶」；鮑照、江淹，「古之狷者也，其文急以怨」；吳筠、孔稚珪，「古之狂者也，其文怪以怒」；謝莊、王融，「古之纖人也，其文碎」；徐陵、庾信，「古之誇人也，其文誕」……說這些人所作美感文學都是「古之不利人者」。而對某些「筆」體文學的作者如不善作詩而有「任筆」之稱的任昉，則譽為「有君子之心焉，其文約以則」。愛憎何等鮮明，傾向何等強烈！「言文而不及理，是天下無文也！」（以上所引王通文均見《文中子》〈中說〉）將美感文學一腳踢開。

　　隋朝也是一個短命王朝，「王道」並沒有幫它多少忙。隋朝這種急劇轉向的文論在當時也沒有產生多大的影響，但李諤、王通確也道中了南朝文學一些弊病，這些弊病，劉勰與鍾嶸的論著中也早有所揭露，那就是一班「膏腴子弟」「王公縉紳之士」敗壞了文風。此種文論，實為唐代的文學變革發出了早期信號。

　　唐代文學變革在文學觀念方面的一個標誌是，把盛行於南朝的「文」「筆」之辯逐步變為詩、文對舉。「文筆」說中主要是「文」的概念含糊，容易造成混亂，如蕭繹所說「至如文者，惟須綺穀紛披」等語，實在指的是詩，不能適應所有同樣具有美感意義的文章，這對於「經國之大業」的統治階級所需要的文章，未免缺乏嚴肅性。同時這樣劃分對於「筆」體文學，容易使人產生誤解，好像「筆」不需要文采，「筆」的作者也不需要多少才華，也用蕭繹的話來說是「退則非

謂成篇，進則不云取義」云云。這使有些「筆」體文學作家感到委屈。王通稱讚任昉，其實任昉對於善於作「筆」體之文並不感到光彩，當時人們評論他的詩不如沈約，有「沈詩任筆」之説，他非常不滿意，「深恨之」。再説，與南朝文學同時發展的北朝文學，不管屬「文」屬「筆」，也很講究文采，亦被稱為「善筆」的顏之推就是如此，他也強調「文章之體，標舉興會，發引性靈」（《顏氏家訓》〈文章〉）。

　　唐代初始，便表現了一種大國風度，特別是唐初的史家，其胸襟不似李諤、王通那樣狹隘、偏執，他們能比較客觀地分析前朝文壇情況，如魏徵在《隋書》〈文學傳序〉中，對於南北朝文學不同特徵進行了對比觀照，然後提出可以互補的見解：

　　江左宮商發越，貴於清綺；河朔詞義貞剛，重乎氣質。氣質則理勝其詞，清綺則文過其意。理深者便於時用，文華者宜於詠歌。此其南北詞人得失之大較也。若能掇彼清音，簡茲累句，各去所短，合其兩長，則文質斌斌，盡善盡美矣。

　　魏徵這段話裡提出「便於時用」和「宜於詠歌」，就文學的不同價值和作用而言，這裡已暗含詩、文分途之動義了。日益繁盛的唐代帝國，它既需要「理深者」有助於世用的文章，也需要文采熠熠，足以表現泱泱大國之風的詩歌，如果「理深」之文章也有「清綺」的文采，「文華」之詩歌也有渾厚的「氣質」，豈不是兩全其美嗎？

　　魏徵的話，道出了一個新時代的審美傾向，詩、文分途也就成了一種必然的歷史趨勢，由初唐而至盛唐，再至中唐，詩、文分途逐漸走向各自的完善，這樣，傳統的「文質」説，在這種分化中第三次發生了變化。詩，成為單獨開列的一種文體，對於「文」體文學它也是

獨立的；文，除詩之外的「文」體文學，全部的「筆」體文學，都囊括在內。初唐以後的文學家，已經不太使用「文質」說，他們有了相應的新概念。總的說來，大凡文之「質」，是以「明道」為中心的強化與深化；詩之「質」，則不言「道」，而強調「意」，以「興象」「意象」「意境」為詩之特殊本質。文之「文」，形式是散化與騈化並存（「古文」則主「散」反「騈」），逐漸形成了後來被稱之「散文」的若干藝術特徵，從而獲得了它獨立的審美走向；詩之「文」，除了它的特殊本質表現，既是「質」之美，也是「文」之美，它還以形式的格律化、規範化，為「文」之表現的獨特方式。傳統「文質」論自唐代始逐漸引退了，它的引退，既促使中國古代散文沿著典型的、審美與實用相結合的雜文學方向進一步演變，而推出了以唐宋八大家為代表的「古文」藝術，也促使中國古代詩歌更加明確地成為雜文學母系統中的純文學子系統。

第一節　文：以「道」為「質」的回歸

在上一章關於「質」的觀念演化一節裡，我已談到第一種演化的走向是由「道」而「理」，這本是「文質」說在六朝的一個進步。但是，一種傾向往往會掩蓋另一種傾向，既然「理」不似「道」的嚴格，在不同的作家筆下往往會「人各一理」，在「盡變」之中失去「體常」的規範，而且，自孔、孟之後的諸子與漢代經學家們，雖然常言「道」於口，但他們「道」的觀念比較空泛。唐代開元年間的進士蕭穎士在《為陳正卿進續尚書表》中說：「孔聖沒而微言絕，暴秦興而挾書罪。雖戰國遺策舊章，駁雜於縱橫；漢臣著紀新體，互紛於表志，其道末者其文雜，其才淺者其意煩，豈聖人存易簡之旨，盡芟夷之義也。」我

們知道，劉勰雖然以〈原道〉為《文心雕龍》之首篇，但其「道」之內涵主要是「自然之道」，他以「神理」述之，在論創作的過程時，又轉化為「情理」，因此，嚴格的「道」之觀念尤其是儒家之道的觀念是很淡薄的。再進一步而言，孔子提出的「文質」說，只能說是泛指一切人與事的表裡關係，形式與內容的關系，對「質」並沒有嚴格的界域，由此使「質」的內涵長期有些遊移不定，「自漢至魏……文體三變」，「時運交移，質文代變」，其「質」之變就難以「恪守先王之道」了。自隋至唐的文人學士，斥責「江左齊梁」的文章，首罪便是「言政而不及化」（李諤《上隋高帝革文華書》）。他們從反面吸取教訓，感到要對文章之「質」重新界定，於是自然而然又回到儒家的道統上來。初唐四傑之一的王勃，本是一個才華洋溢的青年詩人，但對於「經國之文章」卻有非常正統的要求，在〈山興亭序〉中說：「恢百王之業，……激揚正道，大庇生人，黜非聖之書，除不稽之論。」在韓愈、柳宗元之前，「文與道俱」的提法已相當普遍了。梁肅說：

文本於道，失道則博（一作「傳」）之以氣，氣不足則飾之以辭。蓋道能兼氣，氣能兼辭，辭不當則文斯敗矣。（《唐左補闕李君前集序》）

獨孤及在為李華的文集寫的序言中說：

公之作，本乎王道。大抵以《五經》為泉源，抒情性以托諷，然後有歌詠；……非夫子之旨不書。（《李公中集序》）

至於李華，則以作文章純粹是關係國家教化，談不上有自己的

「志」與「理」。他説「本乎作者，《六經》之志者，系乎時者，樂文武而哀幽厲也」，因此他對「露才揚己」的屈原完全持否定的態度，説：「屈平、宋玉，哀而傷，靡而不返，《六經》之道遁矣。」（《崔沔集序》）他也作了一篇《質文論》，給「質」「文」之變製造了一個框架：

先王質文相變以濟天下。易知易從莫尚乎質。質弊則佐之以文，文弊則複之以質，不待其極而變之，故上無暴，下無從亂。

他這種將「文」作為純粹的附庸之論，實在是一種大倒退。前已提到漢魏建安時代阮瑀的《文質論》，也是「尚質輕文」，有「文虛質實」之説，推而言「麗物多偽，醜器多牢，華璧易碎，金鐵難陶」。應瑒立即也作《文質論》提出異議，指出徒言「質」不足以為世所用，朝章國典，禮儀教化，都是「質者之有餘」。李華上附班固、阮瑀之見，實在有點讓「道」衝昏頭腦了。

「質」的內涵即「道」，「道」即文之「質」，這一具有保守色彩的觀念在唐代正統文人中逐漸明確起來，再經唐代「古文運動」最早的理論家柳冕加以條理化、系統化、純粹化，這個「道」就反正於儒家之道了，與孔子的「教化」説直接聯繫起來。柳冕在《謝杜相公論房杜二相書》中説：

伏惟尊經術，卑文士。經術尊則教化美，教化美則文章盛，文章盛則王道興。

在《答荊南裴尚書論文書》中又説：

夫君子之儒必有其道，有其道必有其文，道不及文則德勝，文不及道則氣衰，文多道寡，斯為藝矣。

他將美感文學一律貶之為「文多道寡」，對於詩，他只承認「系乎國風者謂之道」，於是，他跟王通、李華一樣，痛貶屈、宋、揚、馬、曹、劉、潘、陸，認為他們的「形似」「骨氣」「藻麗」等等，都不過是「一技」，他多次強調：「文多用寡」或「文章之道，不根教化」，「則是一技耳」！柳冕實已舉起「宗經復古」的旗幟，為即將到來的「古文運動」作先導。

準確地以「道」取代「質」，又對「道」實行了定性化，則是韓愈了。韓愈聲明自己，「非三代兩漢之書不敢觀，非聖人之志不敢存」，從而作《原道》以「明道」。他排斥道家老、莊之「道」，也拒言《周易》「自然之道」，更闢佛、禪之「道」，他的「道」純粹是單傳的：

斯吾所謂道也。……堯以是傳之舜，舜以是傳之禹，禹以是傳之湯，湯以是傳之文、武、周公，文、武、周公傳之孔子，孔子傳之孟軻，軻之死，不得其傳焉。

於是韓愈便以孟軻之後異代單傳的弟子而自居，負起了「文起八代之衰」的重任。「古文」運動，首先是在「質」的方面上複「古道」之運動，他對李翊說：「有志乎古者希矣，志乎古，必遺乎今，吾誠樂而悲之。」（《答李翊書》）

韓愈「道」之內涵的確完全源於孔、孟，也就是以「仁義」為核心：「博愛之謂仁，行而宜之之謂義，由是而之焉之謂道，足乎己無待乎外之謂德。」（《原道》）但這種「道」也不盡是抽象的，其「義」見

於《詩》《書》《易》《春秋》，和一切古代神聖的典章制度，也與社會、人事乃至居住、飲食等物質生活有關，因此，「其為道易明，而其為教易行也」。他的「文以明道」說是這樣來的：

> 君子居其位，則思死其官；未得位，則思修其辭以明其道。我將以明道也，非以為直而加人也。（《爭臣論》）

在韓愈論文的文章和書信裡，很少言及「質」與「文」的關係了，完全是以「道」替「質」。「愈之志在古道，又甚好其言辭」（《答陳生書》），「文」的觀念也多轉移到言辭。所以他的學生李漢乾脆說「文者，貫道之器也」（《昌黎先生集序》），毫不掩飾文辭及其組合形式，只作器具（載體）之用。

唐代古文運動又一旗手柳宗元，也是「文以明道」的提倡者，他說：「始吾幼且少，為文章以辭為工。及長，乃知文者以明道，是固不苟為炳炳烺烺，務采色，誇聲音而以為能也。」（《答韋中立論師道書》）但是，柳與韓略有不同的是，他的「道」不是單傳的儒道，而是多管道匯合而成的一種人事之道。他自述在長安做官時，曾不以文章為重，「意欲施之事實，以輔時及物為道」（《答吳武陵論非國語書》）。這就是說他以「治國平天下」之道為重，這種「道」不是先王、孔孟發明的，而是歷史發展的一種趨勢，他在《封建論》中指出：「夫天下之道，理安斯得人者也。……豈聖人之制使至於是乎？吾固曰非聖人之意也，勢也。」總之，柳宗元的「道」不似韓愈那樣界定得非常嚴格，輔時及物，助君益民，其本質當然還是儒家之道。他雖持此道，但容得老、莊，也不排斥屈原，比柳冕開通得多了。柳宗元是一位統治階級中的開明有識之士，參與過中唐著名的永貞革新，是一位熱情

的改革家，思想本質是不保守的。改革失敗後他悟到：「輔及時物之道，不可陳於今，則宜垂於後，言而不文則泥，然則文者固不可少耶？」於是，決心以文章來表達自己的政治思想。他將「文」分成兩種，一是「辭令褒貶，本乎著述者也」；一是「導揚諷喻，本乎比興者也」。他用以「明道」之文章，當然主要以前者為體，「其要在於高壯廣厚，詞正而理備，謂宜藏於簡冊也」。因此要以《書》《易》《春秋》為榜樣。後者「其要在於麗則清越，言暢而意美，謂宜流於謠誦也」。他認為兩種文體（即文與詩）在一個作家身上難以兼得，「厥有能而專美，命之曰藝成，雖古文雅之盛世，不能並肩而生」（《楊評事文集後序》）。

以「道」為「質」，大體上又是以「先王」、孔孟之道來規範一切文章的思想內容，可說是遵循且大大發揮了魏徵「理深者便於時用」之說，「理深」而致「道」，可謂深矣，無以復加矣。詩、文分途完全明朗化了，文的主要任務是「明道」「貫道」，「政治標準」是第一位。但也應該說，唐代文學家，尤其是韓、柳，他們的作品又不大像他們的理論那樣道貌岸然。在很多作品中，他們所明之「道」也不過是經過他們心靈化了的「道」，以至宋代一些真正是道貌岸然的理學家根本不承認韓、柳是在明「聖道」，指斥他們「離真失正，反害於道」（程頤語）。由於「道」須以「文」明之，以「文」貫之，他們也非常重視「文華」之用。韓、柳和他們的追隨者，都有傑出的才思，能文也能詩。「道」與「文」雖然是主從關係，但「文」（包括文體與辭采）或「明」或「貫」的作用，卻發揮得很出色。文章，作為「經國之工具」意義的成熟，便是從他們開始，後經歐、曾、王、三蘇（合稱唐宋八大家）而實現的。關於「文」與「道」的關係因我還將在下編《藝與道》中論及，此不多述。

第二節　詩：以「意境」為核心的審美創造

　　李白在《古風五十九首》之一中，頗有點詩起「八代之衰」的氣概，自「王風」之後，他眼中尚有《楚辭》、漢賦，可是「自從建安來，綺麗不足珍」，他美譽本朝：「聖代復元古，垂衣貴清真。群才屬休明，乘運共躍鱗。文質相炳煥，眾星羅秋旻。」唐代的詩歌發展，最初面臨與散文發展一個同樣的問題，那就是對「綺麗」的取捨。李白的觀點與他上一輩的四川老鄉陳子昂的觀點大致相通。陳子昂，這位「前不見古人」，獨立蒼茫的詩人，在《與東方左史虬修竹篇序》中寫道：

　　文章道弊五百年矣。漢魏風骨，晉宋莫傳，然而文獻有可徵者。僕嘗暇時觀齊梁間詩，采麗競繁，而興寄都絕，每以永歎。思古人常恐逶迤頹靡，風雅不作，以耿耿也。

　　詩畢竟是詩，齊梁時代有的詩有「彩麗」而無「興寄」，實際上是喪失了情感審美的特徵（雖然他們在理論上都認識到了這一點）。初唐的詩歌，正如羅根澤先生所指出的：「本背有兩重歷史，一是南朝的綺靡緣情，一是北朝的質直言志；而唐代則由對立而逐漸融合，使北朝的素樸佳人，塗上南朝的香馥的脂粉，成功豪壯而華美的律詩。」[1]陳子昂在上引的那篇文章裡，又提出了他的詩歌審美觀：「骨氣端翔，音情頓挫，光英朗練，有金石聲。」這四句話，預言了唐代詩歌創作及其理論的發展方向。

　　唐代詩文分途發展，「文筆說逐漸成為歷史上的陳跡」（郭紹虞語），這給詩歌創作與理論的發展開拓了廣闊的天地。因為在美感文學

1　《中國文學批評史》第4冊，上海古籍出版社1984年版。

中，詩又以「情感文學」的特色更為鮮明。唐代的詩論中，沒有像文論那樣再度引進「道」的觀念，在詩之「質」方面，它還繼續著魏晉南北朝由「志」而「情」又融合為「意」的走向，在「文」的方面，它繼續發展劉勰所標舉的「形文」「聲文」和「情文」，而這兩個方面在發展中的相互融合，終於建立了以「意境」說為核心的獨立的詩歌美學理論體系，取代了詩藝領域內「文質」說的指導和規範。

像散文與「道」的關係被「文以明道」「文以貫道」的定義確認下來一樣，詩與「意」的關係也被確定下來，唐代詩論中，很少單獨論及「詩言志」了。由隋入唐的著名經學家孔穎達，曾奉唐太宗之命主編《五經正義》，他正式確認六朝時出現的「情志」概念：

> 在己為情，情動為志，情、志一也。（《春秋左傳正義》卷五十一）

「情動為志」，這比《毛詩序》的提法更為豁達，不是由「志」而動「情」，而是由「情」動而有「志」，更符合詩歌創作的心理態勢。孔穎達對《毛詩序》的闡釋更有一些新的發揮：

> 詩者，人志意之所適也。雖有所適，猶未發口，蘊藏在心，謂之為「志」，發見於言，乃名為「詩」。言作詩者所以舒心志憤懣而卒成歌詠，故《虞書》謂之「詩言志」也。包管萬慮，其名曰「心」。感物而動，乃呼為「志」。「志」之所適，外物感焉。言悅豫之志，則和樂興而頌聲作；憂愁之志，則哀傷起而怨刺生。《藝文志》云：「哀樂之情感，歌詠之聲發。」此之謂也。（《毛詩正義》卷一）

　　這位唐代經學大師，他講的「志」「意」「情」，實在沒有多大的區別了，前面言「情志一也」，此處又「志意」並提，他說「感物而動」是「志」，其實也是「情」，倒是「包管萬慮，其名曰心」一句便概括了一切，這樣，「心」「志」「情」「意」便沒有了嚴格的理論上的界定，相互交融或包容，為詩人提供了一個寬廣的心理空間。孔穎達的《五經正義》在唐代屬教科書性質，所以，「意」的觀念便在唐代詩人心中牢牢生根了，他們用「意」於詩中，顯得自由而自然。如王昌齡說：

　　凡屬文之人，常須作意。凝心天海之外，用思元氣之前，巧運言詞，精練意魄，所作詞句，莫用古語及今爛字舊意。[2]

　　他將「意」置於詩歌創作構思的重要地位，稱為「意魄」。「意」是詩的格律之「魄」：「凡作詩之體，意是格，聲是律，意高則格高，聲辯則律清。」他還生動地描述「意魄」在進入創作境界時活躍的態勢：「高手作勢，一句更別起意；其次兩句起意，意如湧煙，從地升天，向後漸高漸高，不可階上也。」承「精練意魄」，唐人的詩歌理論術語中有了「煉意」之說，徐寅《雅道機要》云：「凡為詩須積磨煉，一曰煉句，二曰煉意，三曰煉字。意有暗鈍粗落；句有死機、沉靜、瑣澀，字有解句、義同、緊慢。」舊題白居易作《金針格》云：「詩有四煉，煉字、煉句、煉意、煉格。煉句不如煉字，煉字不如煉意，煉意不如煉格。」
　　詩人「情」「志」「意」的發動，又在於「興」。孔子早就說過「詩，可以興」，但他所指是「《詩》三百」中任何一篇詩都可激發人的情

2　《文鏡秘府論》〈論文意〉。以下引王昌齡、皎然語。未另注出處的，皆出於此。

感，還只是間接的「興」。劉勰有了「觸興致情」「睹物興情」「情以物興」之說（《文心雕龍》〈詮賦〉），「興」便成為表現詩人主觀世界與客觀世界瞬間契合時感情迸發之狀，唐朝詩人與詩論家將「興」的作用大加強調。杜甫詩，言「興」之處就很多，如「感慨時將晚，蒼茫興有神」「雲山已發興，玉佩仍當歌」「東閣觀梅動詩興」「愁極本憑詩遣興」「草書何太苦，詩興不無神」[3]等等。杜甫之「興」，就是詩人內心的情意發動而後形諸於詩。殷璠在《河岳英靈集敘》所說「夫文有神來、氣來、情來」，可說是「興」的總括。「興」是詩人心靈深處情感志意觸發而湧出的通道，所以王昌齡說：「自古文章，起於無作，興于自然，感激而成，都無飾練，發言以當，應物便是。」「興」是詩的審美創造的起點，所以皎然說：「夫詩工創心，以情為地，以興為經，然後清音韻其風律，麗句增其文采。」

由「興」而意發情動，欲在詩中有所表現，必然而見之於可感之象，六朝已有「形似之言」之說，但還停留在「體物」「狀物」「窮形盡相」「指事造形」的摹寫、複現的階段，唐朝詩人言「象」，則接受並發揮了劉勰「神用象通，情變所孕」的「意象」說，他們或言「意象」，或言「興象」，或言「境象」。相傳為王昌齡所作的《詩格》有云：「詩有三格：一曰生思。久用精思，未契意象，力疲智竭，放安神思，心偶照鏡，率然而生。……三曰取思。搜求於象，心入於境，神會於物，因心而得。」他強調詩的創造伊始，由自然之物象所「興」起之情意，又必須與「象」契合，但這個「象」，又不再是客觀的自然物象，而是經詩人主觀情意滲透又改造過了的「象」，它是詩人之心象，

3　分別見《上韋左相二十韻》《陪李北海宴曆下亭》《和裴迪登蜀州東亭見寄》《寄張十二山人彪》等詩。

即「心中了見」之象，是「因心而得」之象。後來，徐寅在《雅道機要》中，對於詩人意中之象與摹擬物象的工拙之別，講得更清楚：

　　凡為詩須搜覓，未得句先須令意在象前，象生意後，斯為上手矣，不得一向只構物象、屬對全無意味。凡搜覓之際，宜放意深遠，體理玄微，不須急就，惟在積思，孜孜在心，終有所得。

　　由此可見，「意象」就是詩人意識中的「象」，或說是化「意」為「象」，融「情」為「象」。「興象」更強調「象」的情感因素。殷璠批評一些「貴輕豔」的詩，「都無興象」，他將「興象」與作品的風骨、深厚的意蘊聯繫起來，說陶翰的詩是「既多興象，復備風骨」，孟浩然之「眾山遙對酒，孤嶼共題詩。無論興象，兼複故實」（《河岳英靈集》）。

　　有「意」、有「象」，生成「意境」的條件便齊備了。「意境」之「境」，或曰「境界」，在中國古代文獻中，本來只是作為表現地理空間、國土疆域的詞，如「五民者不生於境內，則草必墾矣」（《商君書》〈墾令〉）；「當更制其境界，使遠者不過二百里」（《後漢書》〈仲長統傳〉）。後來，印度的佛經不斷翻譯到中國來，譯經者便借用「境」或「境界」一詞，來表述佛徒們竭力超脫客觀世界一切物質空間而回歸本體的心靈空間，這是一個純粹的精神世界，是佛理、佛法所能引導人們進入冥想世界的極致，如《無量壽經》所云「比丘白佛，斯義宏深，非我境界」；《成唯釋論》所云「覺通如來，盡佛境界」。有的佛典亦把人對外界事物的主觀感受稱為境界：「功能所托，名為境界，如眼能見色，喚色為境界。」（《俱舍論頌疏》）總之，這樣的「境」純粹是精神性的，「了知境界，如幻如夢」，於是，這一詞語就逐漸被用來表述人

們某種特殊思想、感情和精神的態勢，尤其是表述那使人獲得精神愉悅的種種主觀感受。正是如此，唐朝詩人就將「境」「境界」引入到詩的審美創造中來，用「物境」「情境」「意境」，將詩人「興于自然」所觸發的「情」「意」，和由「情」「意」所凝結的「象」，統籌起來，這就是「搜求於象，心入於境」「心偶照境，率然而生」。舊傳王昌齡所作《詩格》云：

> 詩有三境。一曰物境：欲為山水詩，則張泉石雲峰之境極麗絕秀者，神之於心，處身於境，視境於心，瑩然掌中，然後用思，了然境象，故得形似。二曰情境：娛樂愁怨，皆張於意而處於身，然後馳思，深得其情。三曰意境：亦張之於意，而思之於心，則得其真矣。

這段話，可理解為詩之境界三種類型，亦可視為詩的境界創造不斷深化而呈現出來的三個層次：第一個層次還只是「了然境象」，還處於「形似之言」的階段。第二個層次是詩人感情滲透了物象，物象已發生了質的變化，是「興象」或「意象」了。這時，詩的美感效應由「得形似」上升到了由「象」而「深得其情」。第三個層次則是「放意深遠，體理玄微」的階段了，由「情」而昇華到蘊含某種宇宙和人生哲理的境界，這是詩人審美悟性的最高表現。得情之「真」，也就是詩的本質之美的完滿實現，詩的最高境界便是「意境」了。如果我們稍舉詩例來佐證這種境界三分法，鍾嶸曾列為上品的、晉代張協「巧構形似之言」的詩（如《雜詩》），便是有「物境」了。顏之推讚賞王籍的《入若耶溪》「有情致」，便是有「情境」了。而唐朝王之渙的《登鸛雀樓》，既不直接表現物境，也不直接抒發感情，確實是將詩人所見所感「張之於意而思之於心」，獲得了一種充滿了詩意美的人生真諦，

可稱為有「意境」。

「意境」説的確立，説明唐代詩人對於詩的審美創造中，主觀世界與客觀世界的匯合與交融有了更為自覺的意識，詩人不只是「神與物遊」，而是「神會於物，因心而得」，這樣，詩之美，就其本質而言，是詩人的情意之美，心靈之美，精神世界之美，換句話說，也就是人的本質力量的物件化實現。「意境」説又把表現人與物，首先是詩人主體之質的真、善、美，置於審美創造的核心、樞紐之位，詩人運用優美的意象，精練的語言，都是為了自身本質美的物件化實現，不再只是起著文飾的作用。中唐以後的詩人對此有更透徹的認識。劉禹錫就提出了「境生象外」的新説：

> 片言可以明百意，坐馳可以役萬景，工於詩者能之……詩者，其文章之蘊邪？義得而言喪，故微而難能；境生於象外，故精而寡和。（《董氏武陵集妃》）

「言」，不僅是「達意」的功能了，「象」，也不僅是組合出某種物境了，「言逮意」，「意稱物」，已不是「工於詩者」的功課了，詩人最高的審美追求是要在言詞之外，物象之外，表現自己的心靈世界，這樣的「言」，這樣的「象」，如果還以「文采」視之，不是太皮相了嗎？晚唐司空圖在《與極浦書》中説：「戴容州云：『詩家之景，如藍田日暖，良玉生煙，可望而不可置於眉睫之前也。』象外之象，景外之景，豈容易可譚哉？」這説明戴容州與司空圖都意識到，在「意境」的創造中，要求「言」與「象」發揮超出本身功能的作用。這個難題，就擺在詩人面前！

總之，唐代的「意境」説，將前人所説的「質」的真、善、美，

「形文」「情文」之美都冶為一爐了，互相交融、滲透，構成了一個難以分割的美學整體，傳統的、樸素的「文質」說已不能望其項背。如果我們還以「文質彬彬」的格局來觀照這種新的審美態勢的話，「興象」「意象」「意境」，作為純文學樣式的詩之本質，是唐朝詩人審美意識中詩所獨有的新質，而其「文」之美，形式之美，則集中表現於新的詩體格式，並以精密的聲韻格律呈現出新的「聲文」之美。

齊梁時代沈約等人創立的「聲律」說，至隋唐，雖然受到了文章家直接的批評或攻擊，或說「言聲而不及雅」（王通《文中子》〈中說〉），或說「尋虛逐微，競一韻之奇，爭一字之巧」（李諤《上隋高帝革文華書》）。但是，「聲律」說卻很快被人們接受下來。陳子昂所說「骨氣端翔，音情頓挫，光英朗練，有金石聲」，四句中有三句與「聲文」有關。殷璠說「開元十五年後，聲律風骨始備矣」（《河岳英靈集序》），他們都將「聲律」與「風骨」密切聯繫起來。《新唐書》〈宋之問傳〉稱：「漢建安後，迄江左，詩律屢變。至沈約、庾信以音韻相婉附，屬對精密。及之問、佺期，又加靡麗，回忌聲病，約句成篇，如錦繡成文，學者宗之，號為沈、宋。」由南朝之沈約，到初唐之沈、宋，在「聲律」說中發育的律體詩，進入到了成熟階段。唐代稱新的格律詩體為「近體」，除此以外的詩體都稱「古體」（如「古風」「古樂府」）。所謂格律之「格」，一作格式之格，如五、七言律詩、絕句、排律，各為一種格式；但有時「格」也與詩的「意境」相關，如王昌齡說：「凡作詩之體，意是格，聲是律，意高則格高，聲辯則律清。」自開元之後（沈、宋於開元前相繼去世），律體詩有了聲律之美，又徹底擺脫了「貴輕豔」的齊梁宮體詩的影響，迅速形成一代新詩風。律體詩攀登詩歌藝術的高峰，成為唐詩中最鮮豔的奇葩。

唐代詩人對聲律音韻的追求，實在不遜於南朝文人，他們將詩的

聲律音韻發展成了一門學問，列為學習詩歌技巧的第一課。中唐時，在長安學習的日本和尚遍照金剛，記錄了許多他學習唐詩的資料，回國後整理、編纂成一部《文鏡秘府論》，列為首卷的便是由《調四聲譜》《調聲》《詩章中用聲法式》《八種韻》《四聲論》五節組成，可見當時習此風氣之盛。「文以五音不奪，五采得所立名」，詩人們認為「聲律」就是文采，強化了前人所説的「聲文」。開元以後出現的大詩人王昌齡、孟浩然、王維都是對律、絕的成熟和臻至完美做出了卓越的貢獻，偉大的詩人杜甫更是「律中聖手」，他常自述「覓句新知律」（《又示宗武》），「遣詞必中律」（《橋陵詩三十韻》）。到了晚年，對聲律有了更精細的追求，「晚節漸於詩律細」（《遣悶戲呈路十九曹長》），「為人性僻耽佳句，語不驚人死不休」（《江上值水如海勢聊短述》），這使得他的詩進入了「律中鬼神驚」（《敬贈鄭諫議十韻》），「盡得古今之體勢」的藝術巔峰時期。

　　經過唐代大批著名和偉大詩人努力的成功的實踐，「聲律」説在詩歌審美領域內牢固地確立下來了，但又不可忽視的是，它是與「意境」説融為一體而發展的，「意高則格高」，是「聲律」的審美法則之一，詩人是在「以情為地，以興為經」的「意境」創造之時，「然後清音韻其風律，麗句增其文采。如楊林積翠之下，翹楚幽花，時時間發」（《文鏡秘府論》錄皎然語）。當時，那些大詩人堪稱楷模的優秀作品，都是「聲律」「意象」「意境」並美的。殷璠説王維的詩是「詞秀高雅，意新理愜，在泉為珠，著壁成繪，一字一句，皆出常境」。元稹對杜甫的評論是：「鋪陳終始，排比聲韻，大或千言，次猶數百，詞氣豪邁，而風調情深，屬對律切，而脫棄凡近。」（《唐杜工部員外郎杜君墓系銘並序》）自唐之後，「意境」與「格律」，都成為中國古典詩歌最重要的審美特徵，雖然後來詩體又有新變，宋以詞盛，元以曲盛，這兩大

審美特徵始終沒有消失。

綜上所述，唐代詩、文分途之後，詩歌成為以「意境」說為核心的審美創造，獨立建構了它自己的美學體系，傳統的「文質」論，在詩歌領域內打了一個漂亮而光彩的句號。

第三節　「文」與「質」：歷史、美學的評價

「文質」說的發明權，屬於以孔子為首的儒家學派，它樸素地表述了世間一切事物內部與外部的關係與聯繫。「文」，最先是人們審視客觀對象外部所形成的一種審美觀念。由對外部形相的觀察分辨，繼而深入認識事物內部的蘊涵，力圖對其本質實現穎悟式的把握，這就是「觀乎天文，以察時變；觀乎人文，以化成天下」。孔子「文質彬彬」的思想，是以自然界的「文」「質」關係為參照，轉而觀照人的自身，將人內部真與善的本質與外部具有審美意味的形式與行為表現，納入了「質」與「文」的範疇，這是一種自覺的「人文」思想。這種「人文」，由政化之「文」、事績之「文」、修身之「文」，又衍生出「五經六藝」「諸子傳書」「造論著說」「上書奏記」「文德之操」等「五文在世」。廣義和狹義的「文學」，即雜文學與純文學，就是在「五文」之中發展並繁衍起來，由不自覺走向自覺，終於造成了一部洋洋大觀的中國文學史。

「文」與「質」，自從它們成了一對範疇，便既是統一的，又是矛盾的，「文勝質」或「質勝文」，不但在一個作家、一部作品中表現出來，還在一個社會、一個時代中表現出來，明朝的胡應麟曾對唐以前的「文勝」「質勝」情況作了一個宏觀的描述：

　　周漢之交，實古今氣運一大際會。周尚文，故《國風》《雅》《頌》皆文；然自是三代之文，非後世之文。漢尚質，故古詩、樂府多質；然自是兩漢之質，非後世之質也。（《詩藪》內編卷一）

　　一代有一代之「文」，一代有一代之「質」，這與該時代統治階級的思想、社會上普遍形成的審美傾向有著密切關係。他又說：

　　文質彬彬，周也。兩漢以質勝，六朝以文勝。魏稍文，所以遜兩漢也；唐稍質，所以過六朝也。（《詩藪》內編卷一）

　　今天我們還應看到：「質文代變」不只是一個「與時俱化」的問題，「文」與「質」的相互消長，即「文質」範疇內的內部矛盾運動，恰恰是促使「文質」觀念發生變化的一個最有力的因素。兩漢「質勝」，正是使六朝「文勝」的直接原因之一，因為兩漢之「質」是以「獨尊儒術」為依歸的（並不是胡應麟所說的「古詩」「樂府」之「質」，那只是局部的「質」，不是占統治地位的經學之「質」），是以「止乎禮義」為「質」，這就使六朝文人提出「詩賦欲麗」「詩緣情而綺靡」乃至「文章且須放蕩」（蕭綱語）等重「文」的創作主張。同樣，六朝「文勝」，也出現了不少偏頗，一班「膏腴子弟」由「綺靡」而滑向了淫靡、輕豔，雖然在理論上提出了「風骨」之說，但在創作實踐中頗嫌「兒女情多，風雲氣少」。「形文」「聲文」之盛，「情志」之虛，又促使唐人反思，從而造成唐代詩、文分途發展，詩歌領域充分吸取了六朝「文勝」的精華，又自創「意境」說，於是「稍質」，使唐詩不但勝於六朝，也勝於兩漢，把古代詩歌藝術推向了一個高峰。明人解縉將三個時代的詩歌作如此比較：

　　漢魏質厚於文，六朝華浮於實。具文質之中，得華實之宜，惟唐人為然。故後之論詩，以唐為尚。（《春雨雜述》〈論作詩法〉）

　　唐朝文特別是「古文」的發展，可以說是在理論上批判六朝文風的衰頹，在實踐中則集六朝之文的大成，所以才取得那麼高的成就。詩的發展也不是簡單地否定六朝。李白與杜甫，他們雖有時也批評六朝之詩，但他們對於很多優秀的前朝詩人卻是抱著景仰與學習態度的，李白在詩中對南朝「二謝」多有讚賞，雖然早期詩中對建安以來的詩有過「綺麗不足珍」的批評，而在《宣州謝朓樓餞別校書叔云》中卻大加讚揚：「蓬萊文章建安骨，中間小謝又清發。俱懷逸興壯思飛，欲上青天覽明月。」杜甫對鮑照和庾信都評價很高，在《春日憶李白》詩中說李白的詩「清新」與「俊逸」，就與「庾開府」「鮑參軍」的詩相似。他自己寫詩也不拒絕向前朝詩人學習，而是「孰知二謝將能事，頗學陰何苦用心」（《解悶十二首》之七）。唐朝詩人中對「晉宋以還」至於梁、陳間詩，批判得最嚴厲的要數白居易，他所崇奉的是正統儒家詩教，論詩必得「諷喻之旨」，他對李白稱讚過的謝朓名句「餘霞散成綺，澄江靜如練」，也說「麗則麗矣，吾不知其所諷焉」（《與元九書》）。白居易從政治功利出發寫了《新樂府》五十首，「謂之諷喻詩，兼濟之志也」（《與元九書》）。他主張諷喻詩「意激而言質」。雖然他也寫了《琵琶行》《長恨歌》這樣在唐詩中堪稱傑構的優秀詩篇，然而「時之所重，僕之所輕」，他自己主動否定那些受人歡迎、到處傳誦的、具有極高審美價值的作品，認為「思淡而詞迂，以質合迂，宜人之不愛也」。事實上，他那些力陳「兼濟之志」的諷喻詩，在思想內容方面不能說沒有進步意義和認識社會的價值，但因「其辭質而徑」，「其言直而切」，使不少詩篇說教意味太重，藝術的感染力大大削

弱了。

作為中國文學奠基理論的「文質」論，因唐代出現了「文道」說和「意境」說，已基本上完成了它的歷史任務，以後宋明各家論及此者，也再沒有什麼突出的新見解，但是到了明清之際，著名的哲學家和文學家王夫之從哲學、文藝美學角度對「文質」論有了新的開掘，他比前人更深刻地論述了「質」「文」統一的必然性，強調在任何情況下「文」與「質」都是不可分割的，因而從「辭尚體要」這一傳統命題中，提煉出「體」與「要」一對範疇，作全面觀照，創造性地發揮了孔子的「文質彬彬」說。他還提出「集文以成質」的新觀點，使傳統的「文質」論增添了新的內容和新的生氣。

前面我們已談到歷代有「質勝」或「文勝」的種種矛盾，按傳統的觀點考察，人們往往苛責于「文」。像六朝（特別是齊梁）之「文」，就受到不少正統文人的抨擊，好像其「質」之虛就是其「文」之過，是「文滅質」。王夫之對此表示了不同的見解，他在《古詩評選》一書中為蕭子良詩所寫的評語說：

> 文、筆兩途，至齊而衰，非腴澤之病也。欲去腴澤以為病，是涸天之雨，童地之山，髡人之髮，存虎之鞟焉耳矣。文因質立，質資文宣，衰王之由何關於此？齊梁之病，正苦體跼束而氣不昌耳。

這個見解是非常精闢的。文風淫靡，罪不在「文」，而在「質」的先天不足，後天不良。唐代文采之盛遠過於齊梁，唐代詩人對於「形文」「聲文」的興趣與追求，遠非南朝文人所能及，可是唐之「腴澤」因為「稍質」而不為病。王夫之有個堅實的論點，那就是「文」與「質」在任何情況下都是對立的統一，他首先從宇宙宏觀來論證它：

物生而形形焉，形者質也。形生而象象焉，象者文也。形則必成象矣，象者象其形矣。在天成象而或未有形，在地成形而或未有象。視之則形也，察之則象也，所以質以視章，而文由察著。未之察也，弗見焉耳。（《尚書引義》卷六）

宇宙間萬事萬物「形」與「象」的關係就是「質」與「文」的關係，沒有無「象」有「形」的事物，也沒有無「形」有「象」的事物，因此「形」與「象」的統一就是「質」與「文」的統一，這是宇宙間一切事物共有的規律。我們記得，揚雄也曾從宇宙萬物的發生變化來論證「文」「質」的統一，但揚雄將其發展過程劃分為「文有餘」或「質有餘」的不同階段，從不統一到統一，又從統一到不統一。王夫之則認為，事物在不同的發展階段上，「文」與「質」也是統一的，任何一種事物，在任何層次的發展水準上，有什麼樣的形質便有什麼樣的外象，有什麼樣的「質」便有什麼樣的「文」，這就正如列寧所說：「形式是本質的。本質是有形式的。不論怎樣也是以本質為轉移的……」[4] 王夫之悟到了此理，所以他判斷《論語》〈顏淵〉中子貢所說「文猶質也，質猶文也；虎豹之鞹，猶犬羊之鞹」這句話只說對了一半，因為即使去了毛，甚至去了皮，虎豹的形質還是不同於犬羊的形質，它們毛皮的不同，根本在於整體本質的不同。基於此，所以他說，齊梁之病不在「文」，而在於「體跼束而氣不昌」，其「文」、其「質」也是一致而不是乖離的。

對於「文」與「質」辯證的統一有了明確的認識，於是，他對重「質」輕「文」的觀點作了更令人信服的批評。在《尚書引義》〈畢命〉

4　《列寧全集》第55卷，中文第二版，第120頁。

中他先擬反對者的設問：「辭有定體焉，有扼要焉，挈其扼要而循其定體，人可為辭，而奚以文為？體要者質也，質立而文為贅餘矣。」然後他說，「徇要言也，質文之實交喪於天下，而辭之不足以立誠久矣……」接著，他以具體的事例進行反駁：

請觀之物：白馬之異於人也，非但馬之異於人也，亦白馬之異於白人也，即白雪之異於白玉也。疏而視之，雪、玉異而白同；密而察之，白雪之白，白玉之白，其亦異矣。人之與馬，雪之與玉，異以質也；其白則異於文也。故統一於白，而馬之白必馬，而人之白必人，玉之白必玉，雪之白必雪。從白類而馬之，從馬類而白之。既已為馬，又且為馬之白，而後成乎其為白馬。故文質不可分，而弗俟合也，則亦無可偏為損益矣。

這就是說，任何有「質」之物，其「文」都是隨「質」而自然生成的，不同的「質」生成不同的「文」，即使同是「白」之「文」，馬、玉、人、雪因質不同，其「白」也是不同的，馬之白不同於玉之白，人之白不同於雪之白，因此，這「白」便不是「贅餘」，都是因其「質」所決定，這也是「文因質立，質資文宣」，馬不白便不成其為白馬，雪不白便不成其為白雪，「文如其人而後質如其質也。故欲損其文者，必傷其質。猶以火銷雪，白失而雪亦非雪矣」。由此，王夫之否定「體要者質也」的片面之論，「質」固然是「體」，但它是「統文為質」之「體」，「質」固然對該事物存在起著決定性作用，但只能是「建質生文」而「居要」。他還進一步指出：若將「文」「質」分裂，那麼「定體者非體，可扼者非要，文離而質不足以立也」。

王夫之較之歷代「文質」論者更高明之處是，他不但看到了「質」

對「文」的決定作用，還看到了「文」對「質」的反作用，他把這個反作用主要概括為三點：「質」待「文」生，「質」以「文」別，損「文」傷「質」。其中尤為新穎的「集文以成質」之說：

> 文之靡者非其文，非其文者非其質。……辭之善者，集文以成質。辭之失也，吝於質而萎於文。集文以成質，則天下因文以達質……

「集文成質」和「因文達質」，就是承認「文」自身也是「質」的重要的組合因素，這可說是一種非常主動、非常積極的美學觀。為了避免此說有「唯文」「唯美」主義之嫌，王夫之又以人自身的「質」「文」構成舉例：「一人之身，居要者心也。而心之神明，散寄於五臟，待感於五官。肝、脾、肺、腎，魂魄志思之藏也，一髒失理而心靈已損矣。無目而心不辨色，無耳而心不知聲，無手足而心不能指使，一官失用而心之靈已廢矣。其能孤扼一心以絀群用，而可效其靈乎？則質待文生，而非有可扼之要，抑明矣。」（《尚書引義》〈畢命〉）這種說法當然並不十分確切，但我們領其要義來考察文學藝術卻是頗為通達的，任何文學藝術創造的審美追求，說到底，不就是「集文以成質」嗎？唐詩之「稍質」，並不是崇道尚理而「質」，正是集「興象」「意象」「意境」為「質」，集「形文」「聲文」「情文」為「質」，因此，自唐詩始，及至詞、曲等詩歌文體，都可以說是詩人、詞曲家們自覺地「因文以達質」。無「質」可達之「文」，不能算是真正有意蘊的文學藝術作品，無「文」可達之「質」，則完全是非文學之屬。如果是僅僅片面地強調「文」待「質」生（就如現代流行過的「主題決定論」），文學藝術審美的創造性勞動，也就不必要亦無多大意義了。

　　王夫之之後，對「文質」論從歷史學、社會學角度有所新的闡發而值得一提的，還有一個章學誠。不過，章學誠直接地闡釋「文」「質」關係的言論不多，他最基本的觀點也是「文生於質」（《文史通義》〈砭俗〉等篇），因此在〈文德〉〈文理〉〈質性〉等篇中重點論述的是人之「質」和文之「質」。關於「質」，其核心內蘊也是「道」，但是，他的「道」既不是宇宙萬物的本原、本體，也不是韓愈所強調的「修身齊家治國平天下」之道，他的「道」是「有所見而不得不然」的一種「志識」，在〈文德〉篇中提出「才」「學」「識」為作文者的重要品德：「夫識，生於心也；才，出於氣也；學也者，凝心以養氣，煉識而成其才者也。」關於「文」與「道」的關係，他又套用韓愈「文以明道」的模式，循「文者，貫通之器也」而標舉他的「文器」觀，從以「文」為「器」的角度強調「文」「質」不可分離，「道不離器，猶影不離形」，他在《說林》中有一段話，很形象地將「志識」與「文辭」，即「道」與「器」的作用關係作了一番描述：

　　文辭，猶三軍也；志識，其將帥也。李廣入程不識之軍，而旌旗壁壘一新焉，固未嘗物物而變，事事而更之也。知此意者，可以襲用成文而不必己出者矣。

　　文辭，猶舟車也；志識，其乘者也。輪欲其固，帆欲其捷，凡用舟車，莫不然也；東西南北，存乎其乘者矣。知此義者，可以以我用文而不致以文役我者矣。

　　文辭，猶品物也；志識，其工師也。橙橘楂梅，庖人得之，選甘脆以供籩實也；醫師取之，備藥毒以療疾痰也。知此義者，可以同文異取，同取異用而不滯其跡者矣。

　　文辭，猶金石也；志識，其爐錘也。神奇可化臭腐，臭腐可化神

奇。知此義者，可以不執一成之說矣。

　　文辭，猶財貨也；志識，其良賈也。人棄我取，人取我與，則賈
術通於神明。知此義者，可以斟酌風尚而立言矣。

　　文辭，猶藥毒也；志識，其醫工也。療寒以熱，熱過而屬甚於
寒；療熱以寒，寒過而屬甚於熱；良醫當實甚而已有反虛之憂，故治
偏不激而後無餘患也。知此義者，可以拯弊而處中矣。

　　章學誠不像王夫之那樣自覺地取文藝美學角度，他主要是一個歷
史學家，他論文的目的是溝通文與史，所以他重「著述之文」，鄙薄
「文人之文」（見《文史通義》〈內篇六〉〈答問〉），不過上引「志識」
與「文辭」六種體用態勢的表述，對於各種文體的寫作有普遍的指導
意義。

　　「文質」說在明、清時代，已悄悄地發生另一種新的變化，這個新
的變化是由新的文體的崛起與興盛而引起的。明、清兩代，市民文學
興起，小說、戲劇文體走上文壇，面對它們，原來較多地運用散文文
體的「文質」觀念，就顯得過於原始和單調了，於是傳統的「文」與
「質」的觀念範疇不斷被突破，「文」與「質」的判斷標準也得隨之改
變乃至更新。怎樣判斷一部小說或一部戲劇的「質」與「文」？小說、
戲劇中，故事、情節的展開，人物形象的塑造，百類千狀，千變萬
化，它們的「質」之真與「文」之美，完全不同於散文，也不同於詩
了。故事、情節、人物都是假中見真，「文字原是假的，只為他描寫得
真情出」（葉晝評《水滸》語）。並且，不同個性的人物有不同的「質」
之真，比如《紅樓夢》中，賈政、賈寶玉、薛蟠，「質」各有別，按傳
統的倫理道德標準判斷「質」好或「質」壞的人物，在曹雪芹筆下，
都成了有血有肉真實感很強的藝術形象。薛蟠滿口的下流話，曹雪芹

還讓他吟出「女兒樂」之類的胡謅詩，這卻是塑造這個花花太歲必不可少的「文」，使薛蟠成為一個具有很高審美價值的藝術形象。小說、戲劇藝術可以以假為真、化醜為美；人物的情性不是作者的情性，小說家與劇作家敘事寫人只求「逼真」「傳神」。因此，真、善與美，固然還表現為內容與形式的關係，但他們的判斷標準與處理方式，都與詩人、散文家有所不同了。

用傳統的「質」「文」觀念和儒家真、善、美的判斷標準，小說歷來是不入流的「街頭巷語，道聽塗說者之所造」，可是隨著時代的推移、社會的變化，人們的審美情趣也有很大的改變，這種改變，先在下層民眾中發生，後來逐漸在為文人接受和肯定。清末著名的思想家與文學家梁啟超，把小說推崇為一切文體中最有思想意義和審美效應的文體，它能「常導人游於他境界，而變換其常融常受之空氣者也」，能將一般人「心不能自喻，口不能自宣，筆不能自傳」的人情世態，「和盤托出，徹底而髮露之」，「感人之深，莫此為甚」。由此他作出結論：小說「實文章之真諦，筆舌之能事」，「為文學之最上乘也」。這一論斷表明，傳統的文學本體觀念、文學價值觀念都發生了根本性的變化，此其時，若說「文質推移，與時俱化」，那就是徹頭徹尾、徹裡徹外的「化」！

當然，「文」「質」這一對審美範疇作為抽象的原則性意義還是不可抹掉的，所以我們還尊它為中國文學的奠基理論。今天與未來，人們理性思維和審美活動的天地不斷開拓，遠非古人的心往神馳所能及，但只要人們的主觀世界契合客觀世界有什麼新的審美格局試圖確立，「文」與「質」最基本的意義永遠不會消失。

附錄

「風骨」新論

　　《文心雕龍》中的「風骨」論，自明代以來，就引起不少學者的注意和討論，一九八二年出版的詹鍈先生著《〈文心雕龍〉的風格學》一書中，列舉了自明朝曹學佺、楊慎等至二十世紀八〇年代初專家、學者們「較有影響的一些論點」，達三十四家之多[1]。一九九一年出版的由羅宗強先生主編的《古代文學理論研究概述》一書中，盧盛江編寫的《劉勰和〈文心雕龍〉》一節，又列舉了各種闡釋二十餘家[2]。大凡文學批評史之類的著作，都不能繞開這個問題。通觀數十種觀點的紛陳，我都感到難以領會其要領。近七八年來，結合鑽研《文心雕龍》本文，我一直在苦苦地思索「風骨」要義真諦之所在。一九九二年出版的拙著《文與質·藝與道》一書中，以《文質結合的新範疇》為題，寫了

1　《〈文心雕龍〉的風格學》，人民文學出版社1982年版，第25-48頁。

2　《古代文學理論研究概述》，天津教育出版社1991年版，第104-108頁。

專門闡釋「風骨」的一章[3]，雖然提出了「風骨」替換「文質」的新說法，但在何謂「風」何謂「骨」這一關鍵性問題上，卻還沿用了黃侃「風即文意，骨即文辭」的舊說，實際上是還沒有比較徹底地弄清這一問題。最近的一兩年裡，苦思忽然有所開悟，對「風骨」觀念的形成作了一次全面的追索，試圖在「文質結合新範疇」的基礎上再作進一步的探討，關鍵還在於弄清什麼是「風」，什麼是「骨」以及二者錯綜複雜的關係。

第一節　「風」是一個審美觀念

大自然界空氣流動曰「風」，古老的《易》列「風」於八經卦之中，為自然界八種基元事物之一，釋《易》的《說卦傳》云：「雷以動之，風以散之，雨以潤之……」又說：「橈萬物者莫疾乎風。」風無形無狀但又易於感覺得到，運而行之可無處不到，無隙不入，因此卦名命之「巽」。「巽，入也。」「風」的觀念進入《易》，然後由闡釋性的《易傳》加以轉述發揮，於是由本義開始轉換。巽卦在八卦中序屬陰卦，陰的性質是「柔」，柔婉、柔順，有女性之美，因此當八卦人化家庭化時，她是「長女」。當風「橈」動有形的萬物，便會出現可見可聞可感的美妙景象，後來有楚人宋玉的《風賦》作了淋漓盡致的描寫。風吹草木而搖曳，草木有花葉之美，因而「巽」可指代木；風總是順其空間而入，入於虛，因而「巽」又有順從、謙遜之義，將其人格化、精神化，即可代指人「謙遜」「婉順」的美德。總而言之，風是大自然的生命現象之一，是自然美的一個重要表像，在由八經卦演變的六十四

3　《文與質·藝與道》，中國人民大學出版社1992年版，第106-111頁。

別卦之中，凡是與「巽」有關的卦，多數與「文」與「美」有些關係，演變推導出了一些人文景觀，如：《小畜》卦，《象傳》說「風行天上……君子以懿文德」；《觀》卦又說「風行地上，……君子以省方觀民設教」；《姤》卦再說「天下有風，……後以施命誥四方」；《渙》卦則說「風行水上，……先王以享於帝立廟」等。在這些卦裡，自由流動的風都成了美的象徵，政治美，社會美，君子人格道德美，皆由「風」推演而來。其中，又以「風行水上」更能喚起人們優美的想像，易學家們釋《渙》卦之「渙」曰：「渙，流散也；又文貌，風行水上，而文成焉。」（朱駿聲《六十四卦經解》）「風行水上，文理爛然，故為文也。」（尚秉和《周易尚氏學》）這就是「風乍起，吹皺一池春水」（馮延巳《謁金門》詞句）之美的景觀。

充溢一切空間並流動不息的風，是天地之氣息，亦是人須臾不可缺的，傳說中的舜作《南風歌》曰：「南風之薰兮，可以解吾民之慍兮。南風之時兮，可以阜吾民之財兮。」在古代典籍中，「風」之義向兩個方向轉化、延伸：（一）向社會、向政教轉化、延伸，將賢明政治對國家對民眾的澤惠影響都以「風」美之，《尚書》〈說命下〉有「咸仰朕德，時乃風」，言君王美德可造成良好的社會風氣。《易》〈益卦〉〈彖辭〉：「益動而巽，日進無疆；天施地生，其益無方。」「風」指代為一種美好的政治道德精神，這種精神深入到民眾百姓之間，通過歌詩謠諺表現出來，正是「朕德」之風的社會效應，又可為統治者利用示範，因此，周代十五個地區的民歌都命名為「風」，示其「風以動之，教以化之」的功能，隨後又以「美教化」概而言之，簡稱「風教」，相當於今天所說的「美育」。（二）向人的道德、人格、精神轉化。這種轉化自漢代開始，《漢書》〈霍光傳〉寫其傳主曰：「初輔幼主，政自己出，天下想聞其風采。」自東漢至魏晉，人物品評之風大

盛，於是「風姿」「風度」「風神」「風致」「風華」「風味」等明確表達美感的審美術語，在當時的史書人物傳記、《世說新語》等書中大量出現，「風」作為一個審美觀念至此已明確無誤了，以至出現了「風」與「美」直接合成的「風美」[4]一詞。

自漢以後，「風」成為一個審美觀念，或許漢人編入《楚辭》中的題為宋玉所作的《風賦》有很大的影響。賦中宋玉將風分為「雄風」和「雌風」兩級，實即風力強勁和風力疲弱之風，前者有氣勢之美，力量之美（「侵淫溪谷，盛怒於土囊之口，緣泰山之阿，舞於松柏之下。飄忽溯滂，激揚熛怒。耾耾雷聲，回穴錯迕。蹷石伐木，梢殺林莽」），自在自由之美，靈動飄逸之美（「故其清涼雄風，則飄舉升降，乘凌高城，入於深宮。邸華葉而振氣，徘徊於桂椒之間，翱翔於激水之上，……回穴沖陵，蕭條眾芳。然後徜徉中庭，北上玉堂，躋於羅帷，經於洞房」）。這樣變化莫測的風，給人以不同感情狀態的審美快感；「故其風中人狀，直憯淒惏慄，清涼增欷。清清泠泠，愈病析酲，發明耳目，寧體便人。」這就是楚襄王「披襟而當之」生髮美感愉悅的「快哉此風」。

宋玉的《風賦》可啟迪我們探討古人賦予「風」的美學內涵。

風之本為氣，氣流動為風，因此，有上述美感效應的「風」，首先是氣盛。「天地之氣，溥暢而至」，國家之氣盛，則一國之風美；人之氣盛，則人之風度、情采皆美。孟子說：「我善養吾浩然之氣。……其為氣也，至大至剛，以直養而無害，則塞於天地之間。」[5]有「浩然之氣」的人，其風度必不凡。其次是氣正。氣有正氣、邪氣、逆氣、淫

4　《後漢書》〈鄧騭傳〉：「宣贊風美，輔助清化」；晉，鄧宏《三國名臣序贊》：「風美所扇，訓革千載」。

5　《孟子》〈公孫丑章句上〉。

氣等等，與人的情緒變化有密切的關係，在人的精神創造領域，古人對「氣」與「風」的關係有明確的辨析，漢代經學家劉向稱音樂是「德之風」，其云：「雅頌之聲動人而正氣應之；和成容好之聲動人而和氣應之；粗厲猛賁之聲動人而怒氣應之；鄭衛之聲動人而淫氣應之。」[6] 這就是說氣盛還須辨別是什麼樣的氣，孟子說他的「浩然之氣」是「配義與道，無是，餒也」；《樂記》針對音樂創作則說：「情深而文明，氣盛而化神，和順積中，而英華髮外：惟樂不可以為偽。」第三，一個人氣盛，氣正，則神志清明，「氣為之充，而神為之使也」[7]，正是「氣盛而化神」。人無神氣，便談不上風采、風度，而「神姿高徹」之人，自是「風韻軒舉」，於是「風」與「神」也聯綴而成品位很高的審美術語——「風神」。《世說新語》〈賞譽〉描述王彌「風神清令」，《晉書》描寫裴楷「風神高邁，容儀俊爽」，是為語例。南齊謝赫品畫，亦有「風範氣候，極妙參神」之語，說的也是「取之象外」的風神。南宋姜夔論書法特標「風神」一品：「風神者，一須人品高，二須師法古，三須紙筆佳，四須險勁，五須高明，六須潤澤，七須向背得宜，八須時出新意。」（《續書譜》）第四，美是自由的象徵，風是自由的，「夫風生於地，起於青蘋之末」，發生和運行都是自然而然的。在人文範疇，大凡自然而美的，也可稱之為「風」，莊子稱「古之道術」是「芴漠無形，變化無常，死與生與，天地並與，神明往與；茫乎何之，忽乎何適，萬物畢羅，莫足以歸」，他稱這「道術」為「風」；「莊周聞其風而悅之」，追隨之學習之，自己的學術「以謬悠之說，荒唐之言，無端崖之辭，時恣縱而不儻，不以觭見之也」（《莊子》〈天下〉）。這就是數

6　劉向：《說苑》〈修文〉。

7　劉安等：《淮南子》〈原道訓〉。

千年來中國學壇文壇的莊子之風。

第二節　「骨」是「質」的概念具象化

　　錢鍾書先生曾經指出中國固有的文學批評有一個特點:「把文章通盤的人化或生命化」,指出《周易》〈繫辭〉云「近取諸身,遠取諸物,……以通神明之德,以類萬物之情」可移作「人化或生命化」的解釋;錢先生又舉一實例說:「翁方綱精思卓識,正式拈出『肌理』,為我們的批評,更添上了一個新穎的生命化名詞。」[8]其實,在文藝批評中善於創造這種「生命化名詞」最出色的,是魏晉南北朝時代一批藝術和文學的批評家,「神思」「體性」「風骨」「養氣」等等,無不是高度的生命化。錢先生還指出:「人化批評不過是移情作用發達到最高點的產物。」現在要解讀這些「生命化名詞」,恐怕還要返回到「移情」之前,這些名詞的原義到底蘊藏什麼樣的生命內涵和表現什麼樣的生命現象,爾後又怎樣向藝術、文學領域轉化。詹鍈先生指出:「近年來解說『風骨』存在五個方面的缺點,其中之一便是只談劉勰本人的主張,沒有說清『風骨』的來龍去脈。」這個判斷是正確的,遺憾的是他自己在「來龍」方面也只上溯到南齊的畫論[9],這還是移情之後,本文前已上溯到了「風」之「來龍」,現將「骨」之「來龍」探索一番。

　　孔子判斷一個人和文章有一句名言:「質勝文則野,文勝質則史。文質彬彬,然後君子。」說的是人或文內在的「質」地、內容與外觀的形式、修飾須渾然一體,交融無間。但孔子此說具抽象的性質,不能

8　　《中國固有的文學批評的一個特點》,《文學雜誌》第1卷第4期,1937年8月。

9　　《〈文心雕龍〉的風格學》,人民文學出版社1982年版,第31頁。

給人以直觀的感受，尤其是以此論人，「質」更是一個高度抽象的理性概念，為了讓人之「質」可以直觀地把握，並讓表述者「移情」方便，「質」逐漸被「骨」取代。

「骨」，即人和動物的體骨，筋脈膚肉都依附於骨，人的骨骼組織發育如何，決定人有怎樣的身材體貌，《周禮》〈考工記〉〈弓人〉云：「骨直以立，忿埶以奔，若是者為之安弓。」說的是一位元製造弓的工匠骨幹挺直，性情剛毅，有一種英雄氣概。「骨」是人的生命內在的「質」，只能憑藉外現的皮肉表現其體格形狀，因此，戰國秦漢之時就出現了與「骨」有聯繫的「骨法」「骨象（像）」「骨力」「骨鯁」等有間接審美意義的詞。宋玉《神女賦》總寫高唐神女的氣質神貌：「近之既妖，遠之有望，骨法多奇，應君之相。」「骨法多奇」實指神女內在的氣質，堪與人君相匹配，其後描寫神女千姿百態之美都以此為體。王充《論衡》專有《骨相》一篇，論述人的骨相而外化的形體相貌可決定一個人尊卑貴賤的命運，此純屬唯心之論；但審視人的骨相，實有審美或審醜的意識隨之。王充指出骨相「隱驪微妙」，「相或在內，或在外，或在形體，或在聲氣」，如果「察其外者遺其內，在形者忘其聲氣」，僅僅是「以貌取人」或「以言取人」，就會失其實。魏晉時人物畫興起，「骨」在畫論中被作為一個重要的審美觀念加以引用，東晉畫家顧愷之品評人物畫時更多見之：「《伏羲》《神農》，雖不似今世人，有奇骨而兼美好」；「《漢本紀》季王首也，有天骨而少細美」；「《孫武》，大荀首也，骨趣甚奇」；「《醉客》，作人形骨成而制衣服慢之，亦以助醉神耳。」[10]有「骨俱」，畫中的藝術形象方能立起呈現「骨趣」，亦即人之生趣，無骨之象必是敗筆。因為繪畫是直觀的

10　《歷代名畫記》卷五《魏晉勝流畫贊》。

藝術，畫家是重視「骨」的藝術表現，謝赫定「圖繪六法」中，列「氣韻生動」第一，「骨法用筆」第二。關於「骨法」，謝赫大概受東晉著名女書法家、王羲之的老師衛夫人《筆陣圖》中所論的啟迪，衛夫人說：「善筆力者多骨，不善筆力者多肉。多骨微肉者謂之筋書，多肉微骨者謂之墨豬。多力豐筋者聖，無力無筋者病。[11]」畫家的「骨法」與書法家的「善筆力」應是相通的，因為他們都是在筆端見功夫。

　　「骨」作為取代抽象「質」的生命化具象觀念，與「風」一樣，也有它獨特的內涵與外延。

　　從物質的角度看，骨是人和動物生命內在的質，相對於肌膚，它有一定的硬度、強度，在講究剛、柔、陰、陽相對的古代，它代表陽剛。陽剛之美主要憑藉於骨來表現，「骨鯁」一詞便是正直、剛健形象的表述，用以寫人，如《史記》中劉邦重要謀臣陳平評論項羽手下的人，只有亞父、鍾離昧等數人是剛直不阿的「骨鯁之臣」[12]；《漢書》記載杜業上書初繼位的漢哀帝云：「王氏世權日久，朝無骨鯁之臣。」「骨鯁」者，即起骨幹作用頂力的棟樑之臣。一個人的力量又是由「骨」承載和發出，因此「力量」「力度」是「骨」的屬性之一，王充《論衡》〈物勢〉有語：「大無骨力，角翼不勁，則以大而服小。」「骨力」是發自體內的力量，大的動物沒有強勁的內力，其角翼則不勁健，骨力強勁的小動物也能制服它。在畫家書法家那裡，「骨力」就是「筆力」，「善筆力者多骨」，《晉書》〈王羲之傳〉評其子王獻之的草隸「骨力遠不及父，而頗有媚趣」。「骨」還有一個重要外延意義，那就是「體」，體格、體貌、體式都與內在的骨骼結構密切相關，所謂「奇骨」

11　引自北大哲學系編：《中國美學史資料選編》上冊，中華書局1980年版，第160頁。

12　《史記》〈陳丞相世家〉，《漢書》〈杜周傳〉附杜業書。

「天骨」「骨法多奇」，都是人的整體內外一致的呈現，《三國志》〈吳志〉〈吳主傳〉描寫孫權：「形貌奇偉，骨體不恒。」在文學藝術領域，「體」作為「骨」的一項重要內涵，後節將會論及。

因為「骨」屬於「質」的範疇，先人們對其偏重於理性的審視，對於品評人物來說，包含著對性格、氣質、志向乃至道德倫理等內在品質的綜合判斷（也包含一定的審美要求）。「質」與「骨」都是相對穩定的，與「風采」「風度」「風神」等有內與外、靜與動、剛與柔之別，合則「文質彬彬，然後君子」，於是有「風骨」這一合成詞出現。

第三節　從品人之「風骨」到品文之「風骨」

「風采」「風華」「風韻」「風神」等審美術語，兩字均有美感意味，可說是同義組合；「風」與具理性意義的異義片語合，從而獲得兩重以上的意義，較典型的我只發現「風志」「風骨」二詞，前者運用不多（《晉書》〈尹緯載記〉：「緯晚為吏部史令，風志豪邁，郎皆憚之」）。「風骨」一詞的組合過程，可能最早始於晉末宋初劉義慶所著《世說新語》，該書多記晉朝人事，可證「風骨」之說形成於晉代的人物品評中。〈賞譽〉篇記王羲之評論祖士少：「風領毛骨，恐沒世不復見如此人。」「風」與「骨」已開始聯綴。〈輕詆〉篇有「舊目韓康伯將肘無風骨」語，據《說林》引范啟語云：「韓康伯似肉鴨。」譏笑韓一身胖肉似若無骨。〈品藻〉篇又引蔡叔子之評：「韓康伯雖無骨幹，然亦膚立。」意為雖無骨體，但還有些風采，「風」與「骨」還是有分別的。《世說新語》更多的還是將「風」與「骨」分開說，但說「風」時，已有「骨」隱含在內，說嵇康：「身長七尺八寸，風姿特秀。見者歎曰：『蕭蕭穆穆，爽朗清舉。』」說李元禮「風格秀整，高自標持」。當然也

有標舉「骨」的：「王右軍目陳玄伯，壘塊有正骨。」其中「時人道阮思曠」一則，可綜合為當時「風骨」內涵的表述：

時人道阮思曠，骨氣不及右軍，簡秀不如真長，韶潤不如仲祖，思致不如淵源，而兼有諸人之美。

在「撫軍問孫興公」一則中，對此條提及的後面三人又有評論：劉真長「清蔚簡令」，王仲祖「溫潤恬和」，殷淵源「遠有思致」。「簡秀」「清蔚」「韶潤」「溫潤」可歸入「風」的審美範疇，「骨氣」「思致」則屬「骨」的內容了。阮思曠「弘潤通長」，在每個單項方面雖不如各有所長的四位名士，但他兼而有之，略備「諸人之美」。此雖未用「風骨俱備」言之，然意已足矣。

完整使用「風骨」一詞還有兩例，一是《世說新語》〈賞譽〉「殷中軍道右軍清鑒貴要」條下引晉安帝之語：「羲之風骨清舉也。」沈約著《宋書》〈武帝紀〉中稱劉裕「身長七尺六寸，風骨奇特」，沈氏此言實本於東晉桓玄語：「劉裕風骨不恒，蓋人傑也。」很明顯，所言「風骨」是「風采」「風度」等與「骨體」「骨氣」的合稱，最早形成於晉代。

繪畫、書法理論中早言及「骨」，前已有述，兼言「骨」與「風」兩個觀念的，應推謝赫畫論中較為完備。但他運用了多種審美術語予以表述。在評曹不興畫龍時，首見「風骨」一詞：

不興之跡，殆莫複傳。惟秘閣之內一龍而已。觀其風骨，名豈虛成？

關於他的「圖繪六法」，窮「風」與「骨」之源後我才悟到，「氣

韻生動」與「骨法用筆」就分屬「風」與「骨」兩個範疇,「氣韻」與
《世說新語》中的「風韻」「風氣韻度」通[13]。現在,讓我將謝赫分六品
品評二十七位元畫家所用的審美語言,按「風」(氣韻)與「骨」兩個
既有區別又有聯繫的範疇略加分類:

風——
風範氣候,極妙參神。(評張墨、荀勖)

體韻遒舉,風采飄然。(評陸綏)

情韻連綿,風趣巧拔。(評戴逵)

骨——
窮理盡性,事絕言象。包孕前後,古今獨立。(評陸探微)

格體精微,筆無妄下。(評顧愷之)

用筆骨鯁,甚有師法。(評江僧寶)

體致不凡,跨邁流俗。(評陸杲)

　　這是大體分而言之,他還有一些評語,實際包含了二者之意,以

13　〈賞譽〉云:「衛風韻雖不及卿,諸人傾倒處亦不近。」〈任誕〉云:「阮渾長成,風
　　氣韻度似父。」

「神韻氣力」評顧駿之，以「力遒韻雅」評毛惠遠，都是「觀其風骨」的另一種表述方式。

與謝赫大致同時代的劉勰，終於將「風骨」完整地用來評文，文學領域內的「風骨」論，其理論的光芒透射得更為深遠。

前面我已論證「風」的美學內涵有氣盛、氣正、神明、自然等要素，「骨」有剛健、力度、體格等要素，劉勰所論之「風骨」是否就這些要素演繹和發揮呢？我以為：正是！在進入《文心雕龍・風骨》篇之前，讓我們先檢閱一下《文心雕龍》其他各篇言「風」說「骨」的情況。

風——
夫子風采，溢於格言。（〈徵聖〉）

標序盛德，必見清風之華。……銘德慕行，文采以集，觀風似面，聽辭如泣。（〈誄碑〉）

言以散郁陶，托風采，故宜條暢以任氣，優柔以懌懷。（〈書記〉）

風趣剛柔，寧或改其氣。（〈體性〉）

……荀卿宰邑，故稷下扇其清風。……史遷壽王之徒，嚴終枚皋之屬，應對固無方，篇章亦不匱，遺風余采，莫與比盛。……鴻風遺采，短筆敢陳……（〈時序〉）

從上列部分例句可見，劉勰的「風」與人物品評和繪畫書法理論

之「風」，其內涵是一致的，將「風」與「采」多次聯綴，作為審美觀念使用，具有直接的審美意義；亦同時言及「氣」，「清風」亦即氣正之風，其和美尤可感。再看他所言的「骨」：

骨──

經也者，恒久之至道，不刊之鴻教也⋯⋯洞性靈之奧區，極文章之骨髓者也。（〈宗經〉）

自桓麟《七說》以下，左思《七諷》以上，枝附影從，十有餘家。或文麗而義暌，或理粹而辭駁，觀其大抵所歸，莫不高談宮館，壯語畋獵。窮瑰奇之服饌，極蠱媚之聲色。甘意搖骨體，豔詞動魂識，雖始之以淫侈，而終之以居正。（〈雜文〉）

觀劇秦為文，影寫長卿，詭言遁辭，故兼包神怪。然骨掣靡密，辭貫圓通，自稱極思，無遺力矣。⋯⋯茲文為用，蓋一代之典章也。搆位之始，宜明大體，樹骨於訓典之區，選言於宏富之路⋯⋯（〈封禪〉）

陸機斷議，亦有鋒穎，而諛辭弗剪，頗累文骨。（〈議對〉）

僅觀四篇五次言「骨」之處，劉勰對「骨」的界定是與文采相對的「質」，是「骨髓」「骨體」，文章的思想內容（「義」「理」）是骨幹，文辭的「圓通」「宏富」或「詭言」「諛辭」都關係著「文骨」表現的好壞。

陸機《文賦》云：「理扶質而立幹，文垂條而結繁。」劉勰是沿著

這條思路來結構他的「風骨」論的。《文心雕龍》的〈風骨〉篇之前已有〈神思〉與〈體性〉兩篇，實際已論述了「風」與「骨」在創作主體方面的生成，至〈風骨〉篇，則重點不在於解釋什麼是「風」什麼是「骨」了，而在於解決怎麼樣「深乎風」，「練乎骨」。劉勰在理論上的創造性發揮是：將「情」與「辭」作為深風練骨的重點來論述，也就是作家應該如何將自身所具的「風骨」特徵，物件化地實現於自己的作品之中。

「風」之氣盛、氣正、神明、自然，在文學作品中如何體現？劉勰認為，「情」是「風」的載體：「怊悵述情，必始乎風」「情之含風，猶形之包氣」；「氣」「風」「情」，依次或互為因果關係：「意氣駿爽，則文風清焉」「深乎風者，述情必顯」。我們弄清了「風」的審美內涵，對於風之何謂「清」，何謂「深乎風」，便不難理解了。「風」之美即「情」之美，關於「情」之美，劉勰有特別標舉「情文」的〈情采〉篇，將「情」並列於「形」「聲」，一同納入與「質」相對應的「文」的範疇，此不贅述。「索莫乏氣」是「無風之驗」，無「風」則情淡、情寡；氣盛氣正必有「風力」遒勁，有「風力」則情顯、情真（「相如賦仙，氣號凌雲，蔚為辭宗，乃其風力遒也」）。如何使自己的作品「述情」而顯其「風力」，說到底還是「氣」，「綴慮裁篇，務盈守氣」，關鍵還在於作家自身的情性修養（後有〈養氣〉篇又論「氣暢」與「情暢」的關系）。

如果說，劉勰論「風」的表現還比較虛的話，那麼，他論「骨」的表現便落到了實處——「辭」。

黃季剛先生等專家有「骨即文辭」之說，其實「骨」與「文辭」並不是一回事，劉勰明白地說：「沉吟鋪辭，莫先於骨。故辭之待骨，猶體之樹骸」；「結言端直，則文骨成焉」。「骨」與「辭」有先後關係，

有因果關係，所謂「先」，所謂「待」，就是什麼樣的思想內容決定於前，然後考慮運用怎樣的文辭予以淋漓盡致的表現，但「文辭」也可反作用於「文骨」，理、義俱佳而遣詞不當，則「文骨」亦受損傷，如陸機的議論文章，思想頗有鋒芒，但因「諛辭弗剪，頗累文骨」。劉勰對於「文骨」的審美要求，符合前所述由「骨」引申的第一義：「剛健既實，輝光乃新」，既是「剛健」之質，就要求文辭也乾淨俐落，「結言端直，文骨成焉」，此之謂也；而對於思想內容善於提煉的作家，也必精於選詞煉句，這就是「練於骨者，析辭必精」，也可謂有剛健文骨者，亦能直接調動端直精警的語言。反之，「瘠義肥辭，繁雜失統」是「無骨」之相，用衛夫人評字的話來說，就是「多肉微骨者謂之墨豬」。從總體來說，樹「骨」於先，選「辭」於後，「骨」為「辭」之因，「辭」為「骨」之果，這是毫無疑義的。

作為文學作品的「骨」，其具體內容不同於繪畫與書法作品的「骨」，劉勰在此篇中將「骨」與「辭」對舉，而在其他篇中則多將「道」「義」「理」「志」與「文」「辭」對舉。他以「道」為文學本原、本體，〈原道〉篇說「道沿聖以垂文，聖因文而明道」，這「道」就是經典文章之骨。「理」是低於「大道」層次的物事、人事之理，「義」亦基本同此，但更切於實踐之用，〈諸子〉篇云：「公孫之白馬孤犢，辭巧理拙。……孟荀所述，理懿而辭雅。」公孫龍之文骨不如孟軻荀況之文骨。〈論說〉云：「義貴圓通，辭忌枝碎……理形於言，敍理成論；詞深人天，致遠方寸。」亦是言文骨對文辭的要求。「志」，在劉勰的時代主要是指個人某種理性的意向，有時與「情」並提又引申到「意」（如范曄《獄中與諸甥侄書》：「常謂情志所托，固當以意為主。」），〈章表〉篇有「志盡文暢」「辭清而志顯」，〈體性〉篇有「辭為膚根，志實骨髓」等語，可見「志」亦在「骨」之範疇。

　　任何一篇好文章，都是「文」與「質」、「風」與「骨」的完美結合，真正的文采是從結合之後中的整體表現出來。孔子早有「文勝質」「質勝文」之說，劉勰亦有「風」勝「骨」、「骨」勝「風」之論（舉「翬翟」和「鷹隼」為例），若偏一端，都會影響整體的文采，因此〈風骨〉篇最後一段及「贊曰」多用「體」字，如「洞曉情變，曲昭文體」「辭尚體要」「情與氣偕，辭共體並」，皆指有「骨」之體格體式（〈體性〉篇已有「體式雅鄭」之説及「八體」之分）；〈附會〉篇云學文「宜正體制：必以情志為神明，事義為骨髓，辭采為肌膚，宮商為聲氣」，即言有「風」有「骨」是體制之「正」；「風清骨峻，篇體光華」，則是言整體的文采了。

　　至此，我們可將劉勰以前「風」與「骨」的內涵外延和他引進文學領域的演繹發揮以及二者關係，試作圖式如下：

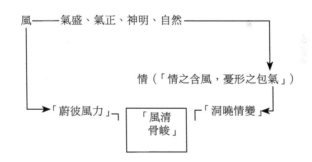

　　我以為，這就是「文質」結合的新範疇。

第四節　「風骨」論發明和運用的重要意義

　　「風骨」論由品評人物、造型藝術而進入文學領域，由《文心雕龍》發而明之，對於指導文學創作和文學批評，都有非常重要的意義。

　　傳統的「文質」論，意蘊單薄，所謂「文」，即是「物相雜曰文」，而「質」則概念抽象；到了漢朝，漢儒們將「文」「質」之義界定得更為狹窄，如董仲舒說：「志為質，物為文。文著於質，質不居文，文安施質？……先質而後文，右志而左物。」（《春秋繁露》〈玉杯〉）將「質」僅規定為「志」，且這「志」是聖人之志，不是發自作家內心一己之志，於是詩賦文章都被強調為功利的文學。魏晉至南朝的文學家，不太強調言「志」了，曹丕首唱「文以氣為主，氣之清濁有體，不可力強而致」，賦予了「文」以新的內涵。陸機的《文賦》，主要是解決「意不稱物，文不逮意」的問題，在「質」的範疇，既不言「道」，也不言「志」，只言「理」「義」而統稱為「意」，正如羅根澤先生所說：「『理』已不似『道』的嚴格，『意』更較『理』為遊移，可以包括嚴格之『道』，也可以包括微溫之『情』。」[14]劉勰在《文心雕龍》中也常用「質」的概念（如〈情采〉篇），而「理」「義」「志」「意」都囊括其中，但常是談及局部問題時使用；對於「文」，他發揮為「形文」「聲文」「情文」亦是如此；就總體而言，則發揮並運用包容性更大的「風骨」。因此可說：「風骨」的發明和運用，在文學理論發展史上，對先秦兩漢的「文質」論來說是一次飛躍，對自曹丕、陸機以來魏晉及南朝的文學理論來說，是一個完善，標誌著中國古代的文學理論走向成熟和輝煌。

　　「風骨」作為一個「生命化名詞」，恰好反映中國中世紀文學承接上古代文學的一次大轉變，這就是從「聖人之道」的群體性文學轉變為有明顯個體性的人的文學，從以功利實用為目的的文學轉變為以審美為主導的文學，從以「理知」為本的文學轉變為重在「緣情」的文學。我們從魏晉以來關於「質」的演化狀況可以看到，由「道」向「理」

14　《中國文學批評史》第1冊，上海古籍出版社1984年版，第124頁。

的走向也好，由「志」而「情」又融合為「意」的走向也好，兩種走向都指向人的內心世界，從大自然、國家、社會的外宇宙，走向人的內宇宙，人的「氣」「情」「才」「性」都進入了詩賦文章而力求完美的自我表現。因此，文學理論家們討論「文」與「質」關係，實質上就是在討論人與文之關係、文與情的關係，劉勰明確地說過：「文質附乎性情。」（《文心雕龍》〈情采〉）運用「風骨」替代原來的「文質」說，喻文之「風骨」猶人之「風骨」，毫無疑義地曉示了一切文章（當然更指純文學的詩賦散文）都是人化的文章，都是人的生命力量（本質力量）的物件化實現！由此而言，「風骨」論是「文學的自覺時代」（魯迅語）人的主體意識、人的文學意識幡然覺醒後，在文學理論領域與之呼應的傑出創造。

「文」與「質」尚未構成一個完整的審美觀念，自《文心雕龍》之後，「風骨」一詞因包容了「氣」「情」「意」「辭」「體」等諸種要素，成為整體地表達「質」與「文」、健康的思想內容與完美的藝術形式密切結合的一個很有分量的審美術語，這個術語在唐代首先被用來評論詩歌，自陳子昂在《與東方左史虬修竹篇序》中道出「漢魏風骨，晉宋莫傳」之語，並以「骨氣端翔，音情頓挫，光英朗練，有金石聲」為他心目中的詩之「風骨」之後，「風骨」便完全取代了詩學領域中的「文質」論，整個盛唐詩壇都以「風骨」作為重要的審美尺度[15]，所謂「性靈出萬象，風骨超常倫」[16]，實為盛唐詩氣象的寫照。唐詩第一位詩選家和評論家殷璠在其《河岳英靈集敘》中曰：「開元十五年後，聲律風骨始備矣。」將「聲律」「風骨」定為他選詩的兩大標準：「言氣

15　筆者已有《子昂風骨與盛唐詩學》論此，見中國唐代文學學會陳子昂研究會編：《陳子昂研究論集》（二），香港中國和世界出版公司1993年版，第148-162頁。

16　高適《答侯少兼呈熊耀》詩句。

骨則建安為傳，論宮商則太康不逮。」（明代胡應麟在《詩藪》中則評他「酷以聲病為拘，獨取風骨」）所選二十四家皆有評語，其中有六家以「風骨」「氣骨」評，例如，評崔顥「晚節忽變常體，風骨凜然」，評高適「多胸臆語、兼有氣骨」，等等。由此亦可見，「風骨」已成為一個完整的審美用語。文學領域的「風骨」論與人物品評、造型藝術領域的「風骨」說，合而成為中國古代美學寶庫中一項重要的審美理論，獲得藝術哲學的意義。

昌明文庫·悅讀美學 A0606002

文質彬彬　上冊

作　　　者	陳良運	
責任編輯	楊家瑜	
發 行 人	陳滿銘	
總 經 理	梁錦興	
總 編 輯	陳滿銘	
副總編輯	張晏瑞	
編 輯 所	萬卷樓圖書股份有限公司	
排　　版	菩薩蠻數位文化有限公司	
印　　刷	維中科技有限公司	
封面設計	菩薩蠻數位文化有限公司	
出　　版	昌明文化有限公司	

桃園市龜山區中原街 32 號

電話 (02)23216565

發　　行　萬卷樓圖書股份有限公司

臺北市羅斯福路二段 41 號 6 樓之 3

電話 (02)23216565

傳真 (02)23218698

電郵 SERVICE@WANJUAN.COM.TW

大陸經銷

廈門外圖臺灣書店有限公司

　　電郵 JKB188@188.COM

ISBN 978-986-496-325-6

2018 年 1 月初版

定價：新臺幣 300 元

如何購買本書：

1. 轉帳購書，請透過以下帳戶

　　合作金庫銀行 古亭分行

　　戶名：萬卷樓圖書股份有限公司

　　帳號：0877717092596

2. 網路購書，請透過萬卷樓網站

　　網址 WWW.WANJUAN.COM.TW

大量購書，請直接聯繫我們，將有專人為您

服務。客服：(02)23216565 分機 610

如有缺頁、破損或裝訂錯誤，請寄回更換

版權所有·翻印必究

Copyright©2016 by WanJuanLou Books CO.,

Ltd.All Right Reserved　**Printed in Taiwan**

國家圖書館出版品預行編目資料

文質彬彬/ 陳良運作.-- 初版.-- 桃園市：昌
明文化出版；臺北市：萬卷樓發行, 2018.01

　　面；　公分.-- (昌明文庫. 悅讀美學)

ISBN 978-986-496-325-6 (上冊:平裝)

1.中國美學史

180.92　　　　　　　　　　　　107002683

本著作物經廈門墨客知識產權代理有限公司代理，由百花洲文藝出版社授權萬卷樓圖
書股份有限公司出版、發行中文繁體字版版權。